世界の妖怪について…

　日本の妖怪といえば、河童、鬼、ろくろ首……などが思い浮かぶだろうか。「人間でもなく動物でもない存在」だが、いずれもどこかユーモラスな生き物だ。中には獰猛なものもいるが、彼らの多くは人を殺すのではなく、いたずらを仕掛けて楽しんでいるような印象がある。また「妖怪」として生まれてくる彼らは、人が思いを残して死んだことで生まれる「幽霊」とは異なる。

　この「妖怪」を西洋の人に説明するのは困難だという。訳したときにちょうどあてはまる言葉がないのだ。呼び名がないということは、それが存在しない、ということでもある。

　本書にとりあげた妖怪たちも、やはり日本の妖怪とは異なる。幽霊に位置づけされていたり、悪魔だといわれていたり、神の使いだったり、妖精だったりとさまざまだ。

　妖怪の誕生には、その土地の歴史や宗教や気候などが関係する。そのため、妖精ばかりが生まれる国もあれば、邪悪な悪霊が多い国もあるのだ。しかし「人間でもないし、他の動物でもない生き物」という点から見れば妖怪に分類してもよいだろう。

　本書には、有名な妖怪、外見や行動が面白い妖怪などを取り上げた。現代は海外旅行も一般的であるし、人々の行き来にともなって他国の妖怪が日本に来るかもしれないし、我々が海外で出くわすことがあるかもしれない。そんなとき、本書をひもといていただけると幸いである。

妖怪データについて

★★★

【別名】ミイラ男　ミイラ
【国 地域】エジプト
【場所】ピラミッド
【特徴】墓荒らしの人間を襲う
【容姿】全身を包帯で巻いている

【場所】妖怪が棲んでいるところや、よく現れるところ。

世界の妖怪 もくじ

妖怪・怪物 ……… 7

- ドラゴン ……………………… 8
- キメラ ………………………… 11
- ヴァンパイア ………………… 12
- ベヒーモス …………………… 15
- フランケンシュタイン ……… 16
- ガーゴイル …………………… 19
- 狼男 …………………………… 20
- ケンタウロス ………………… 23
- ヒュドラ ……………………… 24
- ユニコーン …………………… 26
- マミー ………………………… 28
- クラーケン …………………… 31
- スフィンクス ………………… 32
- イエティ ……………………… 34
- 魔女 …………………………… 36
- グリフォン …………………… 39
- マーメイド …………………… 40
- ハルピュイア ………………… 43
- ミノタウロス ………………… 44
- ケルベロス …………………… 46
- サイクロプス ………………… 48
- ゴルゴーン …………………… 50
- バハムート …………………… 53
- バジリスク …………………… 54
- 金角大王・銀角大王 ………… 56
- セイレーン …………………… 58
- ゴモラー ……………………… 60
- 牛魔王 ………………………… 61
- ジャバウォック ……………… 62
- ヘルハウンド ………………… 63
- ローレライ …………………… 64
- ロック鳥 ……………………… 65
- アラクネー …………………… 66
- アル・ミラージュ …………… 67
- アルゴス ……………………… 68
- アンフィスバエナ …………… 70
- 太歳 …………………………… 73
- 一目五先生 …………………… 74

百頭(ひゃくとう)……………………76	
ギガース……………………78	
孫悟空(そんごくう)……………………80	
トッケビ……………………82	
スクォンク……………………85	
飛頭蛮(ひとうばん)……………………86	
カーバンクル……………………89	
グレンデル……………………90	
セルキー……………………91	
不可殺(ブルガザリ)……………………92	

神・神獣(かみ・しんじゅう)……………………93

フェニックス……………………94
サンダーバード……………………96
ペガサス……………………99
麒麟(きりん)……………………100
ポセイドン……………………102
カーリー……………………105
シヴァ……………………106
羅刹(らせつ)……………………109
キューピッド……………………110
白澤(はくたく)……………………112
ガネーシャ……………………114
アヌビス……………………116
パン……………………118
獏(ばく)……………………121
夜叉(やしゃ)……………………122
ブラフマー……………………125
ヴィシュヌ……………………126
四聖獣(しせいじゅう)……………………128
鳳凰(ほうおう)……………………130
龍(りゅう)……………………132

- たくさんいるドラゴンの仲間(なかま)……10
- ドラキュラのモデル？
  ヴラド・ツェペシュ……14
- フランケンシュタインの作(つく)り方(かた)……18
- 狼男(おおかみおとこ)の仲間(なかま)たち……………………22
- ミイラの元祖(がんそ)と現代(げんだい)のミイラ？……30
- 魔女(まじょ)の呪(のろ)い……………………38
- 個性豊(こせいゆた)かなマーメイドたち……42
- メデューサの首(くび)の行方(ゆくえ)……52
- 蛇(へび)のモンスターたち……………………72
- ぴょんぴょんぴょん
  1本足大集合(ほんあしだいしゅうごう)！……84
- かわいそうな飛頭蛮(ひとうばん)の話(はなし)……88

- 怪鳥(かいちょう)は神(かみ)に近(ちか)い存在(そんざい)……98
- 今(いま)もなお生(い)き続(つづ)けるモンスター……104
- 破壊神(はかいしん)シヴァが貫(つらぬ)いた愛(あい)……108
- 音楽家(おんがくか)パンのエピソード……120
- 夜叉(やしゃ)の棲(す)む国(くに)……………………124
- まだまだいる龍(りゅう)の仲間(なかま)……134

悪魔・悪霊　135

僵尸	136
ゾンビ	138
アモン	141
デュラハン	142
刑天	144
ペナンガラン	146
ブギーマン	148
食屍鬼	150
サタン	152
ウィル・オ・ウィスプ	154
ゴーレム	157
幽霊船	158
レッドキャップ	161
ルシフェル	162
とがったナイフの精	164
靴を食う妖怪	166
骨食い	168
ホムンクルス	170
アスモデウス	171
アスタロト	172
バンシー	173
ポルターガイスト	174
アントゥ・パラ	175
ウーストレル	176
カルマ	177
どくろのトミー	178
影なしドッグ	180
死の乙女	181
ジャック・オ・ランタン	182
チョンチョン	184
マンドラゴラ	186
脳みそ取り	189
ベルゼブブ	190
ベルフェゴール	191
ウェンディゴ	192
マンモン	193
レヴィアタン	194

- ゾンビの作り方　140
- 人間の魂の形　156
- メアリー・セレスト号事件　160
- 殺人植物に要注意！　188

妖精・精霊 ……195

- トロール………………196
- サラマンダー……………198
- ゴブリン…………………201
- ジン………………………202
- グレムリン………………204
- ヴァルキリー……………205
- ブラウニー………………206
- ボガート…………………207
- プーカ……………………208
- 海僧正……………………209
- コボルト…………………210
- ノーム……………………211
- ヴォジャノーイ…………212
- バーバ・ヤーガ…………214
- ドクシー…………………217
- 砂男………………………218
- ドワーフ…………………220
- 歯痛殿下…………………221
- パッドフット……………222
- ファザーフロスト………223
- ファハン…………………224
- 緑の男……………………225
- リャナンシー……………226
- セントエルモの火………227
- レプラコーン……………228
- •空気・地・火・水を司る
  四大精霊……………………200
- •おとぎ話の中の
  バーバ・ヤーガ……………216
- ◉中国の付喪神………………229
- ◉猫の妖怪……………………230
- ◉外国版百鬼夜行 ワイルドハントほか…231
- ◉妖怪がよく出る場所………232
- ◉畑に棲みつく珍しい妖怪…233
- ◉UMA-宇宙人か妖怪か……234
- ◉日本の昔話そっくりな妖精の話…235
- ◉索引…………………………236

妖怪・怪物

不思議な物体、不気味な生き物など、
特別な力を持っている、
想像を超えた生き物48体！

★★★
- 【別名】ー
- 【国・地域】世界中
- 【場所】山 森 谷 洞窟
- 【特徴】火を吹く 毒の息を吐く
- 【容姿】大きな身体 背中に翼 鋭い爪と牙 全身に鱗

世界で一番有名なモンスター
ドラゴン

　翼が生えたトカゲのような姿で知られている、とても強いモンスター。鎧のように硬い鱗で全身を包み、口から出す猛毒の息や火で他者を攻撃する。あたりは猛毒の息が立ちこめるわけだから、敵に勝ち目はない。さらに背中の翼で空を飛ぶことができるという、完璧な防御力と攻撃力なのだ。

　この無敵の力が他者に伝染することがある。ドラゴンの種類によっては、その血を浴びると不死身の身体を得られるというのだ。不死身になるために血を浴びようとして毒の息を吸いこんでしまった……などということにならないように注意したい。

たくさんいるドラゴンの仲間

　ドラゴンと一口にいっても、その種類は実に多い。なかでも、エンブレムなどのデザインに使われるワイバーンはとても有名だ。普通ドラゴンは4本足だが、ワイバーンは2本足で翼と前足が一体化しているのが特徴とされる。

　蛇の身体に、コウモリの翼を持つというヴィーヴィルは、ワイバーンの元になったドラゴンだといわれる。ヴィーヴィルの目は真っ赤な宝石で、メスだけの種族だという。オスは、まだ発見されたことがないそうだ。

　真っ赤な宝石の目というのは、ルビーかガーネットだろうか。また、赤い宝石の目ではなく、額にダイヤモンドを持っているという説もある。このダイヤモンドは水を飲むときに取り外すらしい。メスの種族だから、宝石を好むのかもしれない。

　ドラゴンは財宝を守る役目を担っているものが多い。ギリシア神話に出てくる眠らない龍は、黄金の羊の毛皮を守っている。北欧神話では、黄金を出し続ける指輪を守っている。このドラゴンの血には魔力があり、浴びた者は不死身となる。

　ドラゴンの歯もおもしろい。地面にまくと、兵士が生まれるのだ。魔力のある血や歯を持っているドラゴン。宝石や指輪だけでなく、身体そのものが財宝だともいえそうである。

いくつもの動物の身体をあわせ持つ
キメラ

　キメラは頭はライオン、尻尾が蛇、口からは火を吹くメス山羊の怪物で、※小アジア南西部のリュキアの一帯を荒らしていた。キメラの退治を命じられた英雄がベレロフォンだ。ベレロフォンはペガサス（99ページ）に乗って、空からキメラの口に鉛の玉を投げた。口に入った鉛は、キメラの吐く炎の熱でどろどろに溶けて喉をふさぎ、キメラを窒息させたのだった。

★★★

【別名】キマイラ
【国・地域】ギリシア　ローマ
【場所】地上
【特徴】口から火を吹く
【容姿】ライオンの頭　蛇の尻尾　山羊の身体

※小アジア南西部のリュキア…現在のトルコ南西部。

好物は人間の生き血
ヴァンパイア

　普通の人間として生活しているので、一見怪しくもないし怖くもない。しかしヴァンパイアは人の生き血を吸うモンスターで、血を吸われた人も吸血鬼になってしまう。ヴァンパイアには血を吸うための牙があるので、不審に思ったら口元を見て判断しよう。

　ヴァンパイアは身体を煙や霧のように変えることができ、どんなすき間にも入りこめるので、狙われたら逃げ道はない。コウモリや狼に変身する力も持っている。

　そんなヴァンパイアにも弱点はある。にんにく、十字架、太陽の光などが苦手なので、これらのある場所におびき出せばいい。倒す方法はただ一つ、心臓に杭を打つことだ。杭を打てば叫び声を上げながら灰になるといわれている。

【別名】吸血鬼
【国 地域】世界中
【場所】太陽の出ていないところ
【特徴】人間の血を吸う
不老不死　日の出から日の入りまで棺桶で眠っている
【容姿】牙がある　コウモリや狼に変身できる　霧状になれる

ドラキュラのモデル？　ヴラド・ツェペシュ

　吸血鬼ドラキュラにはモデルになった人物がいる。ヴラド三世（ヴラド・ツェペシュ）という男で、ルーマニアの王だった人物だ。

　ドラキュラというのは「ドラゴンの子」という意味。ヴラド三世の父親が「ドラゴン騎士団」のメンバーだったので、子どもであるヴラドはドラキュラと呼ばれるようになった。

　ヴラドはたいへん残虐で、失礼な行動をする者を許さなかった。自分に会いに来た者が頭のターバン（頭に巻く長い布）を外さずにいると、「一生外せないようにしてやる」と、釘を使って頭にターバンを打ちつけてしまった。身の毛もよだつ話だ。

　また、彼は反抗する者にも容赦なかった。はむかう者や罪人などを生きたまま串刺しにすると、敵国に見えるようにさらした。敵国を威嚇し、自分の力を見せつけたのだ。とはいえ、彼はルーマニア独立のために戦った英雄でもあるので、ただの残虐な悪人だとはいいきれない。

　ドラキュラ城と呼ばれる城「ブラン城」が、今も観光名所として人々に親しまれている。おとぎ話に出てきそうなしゃれた外観の城で、いかにもドラキュラが隠れていそうだが、ここはヴラド三世が住んでいたのではなく、彼の祖父が住んでいたといわれている。

頑丈な身体で動物界に君臨
ベヒーモス

★★★
- 【別名】ベヘモト　ビヒーモス　ビヒモス　ベエマス
- 【国地域】ヨーロッパ
- 【場所】水辺の草の中
- 【特徴】ヨルダン川の水を飲み干す
- 【容姿】カバ・牛に似た身体　尾はヒマラヤ杉のよう　骨は青銅か鋼鉄並みの硬さ

カバに似た怪物で、ヨルダン川の水を飲み干すことができるほどの巨大な身体を持つ。力も強く、尾はヒマラヤ杉のように太く、骨は青銅か鋼鉄のように頑丈にできている。地球が生まれたときから存在していて、陸の動物たちの王として君臨する。しかし、世界が終末を迎える日には、レヴィアタン（194ページ）と殺しあいをするという伝説がある。

15

死体をつなぎあわせた人造人間
フランケンシュタイン

　ヴィクター・フランケンシュタインという男が作り出した怪物。フランケンシュタインの名前はとても有名だが、実は怪物の名前ではなく、作った男の名前なのだ。では、本当は何という名前なのかというと……フランケンシュタインには名前はない。ヴィクターはフランケンシュタインを作り出したものの、あまりの醜さに好きになることができず、名前すらつけることはなかったのだ。

　嫌われ者のフランケンシュタインは孤独に暮らしていたが、人を憎むようになり殺人を重ねた。生みの親であるヴィクターは、フランケンシュタインを退治するために追い続けて衰弱死してしまう。フランケンシュタインもヴィクターの死を見届けた後に自殺した。もともとは、やさしい性格で頭の良かったフランケンシュタイン。犯罪者にしてしまったのは環境が原因だと思うと、考えさせられる。

★★★

【別名】ー
【国 地域】イギリス
【場所】町など
【特徴】人間を憎んでいて襲う
【容姿】身長2.5メートル
　　　 身体中に縫い目
　　　 にごった目
　　　 血管が浮き出ている
　　　 皮膚が薄い

フランケンシュタインの作り方

　ヴィクター・フランケンシュタインが怪物を生み出すことになったいきさつは、母親を失ったことにより、生命の不思議さを考え始めたからだ。彼はいろいろな研究を重ね、死体をつなぎあわせて人間を作り出すことを思いついた。

　ヴィクターは墓を掘り起こして死体を手に入れた。作業がしやすいように、大きな死体を選んだという。怪物の身体が2メートル以上という巨体になったのはこのためだ。

　つなぎあわせた死体が置いてある作業場に雷が落ちた。これにより、怪物に魂が宿った。怪物フランケンシュタインの誕生である。

　愛されなかった怪物は人を憎み、殺人を犯すようになる。そんな中、怪物はヴィクターに頼みごとをした。それは、女性モンスターを作ってほしいというものだった。そうすれば自分の孤独がいやされると考えたのだ。これ以上怪物を増やしてはならないと判断したヴィクターは、この願いを断った。怒った怪物はヴィクターの妻を殺害。憎しみに燃えるヴィクターは怪物を追ったが衰弱の中で死亡し、怪物フランケンシュタインも自殺した。

　憎しみの感情は人を戦わせ、何も生み出さずすべてを失うだけ……そんなことを考えずにはいられない。

屋根の上で見張りをする魔物
ガーゴイル

★★★
- 【別名】ガルグイユ
- 【国・地域】ヨーロッパ
- 【場所】川　屋根の上
- 【特徴】不審者を見つける
- 【容姿】悪魔のような顔
　　　　２本の角
　　　　コウモリのような翼

教会などに見られるゴシック建築の屋根に、石像として飾られるガーゴイル。その姿は悪魔にしか見えないが、実は外敵の侵入を防ぐ門番の役目をしている。もとは川に棲んで嵐を起こしたりするドラゴンで、喉から水を出して村を破壊したこともあったほど。水を流すという意味で、現在は雨水を流す「雨どい」部分にちょこんと座っているのだ。

19

月夜に人間から狼に変身
狼男

　普段は人間として生活しているが、満月の夜になると狼男に変身してしまう。変身すると人を襲い、咬まれた人も狼男になる。変身中の記憶がある人もいれば、ない人もいる。夜が明けると人間に戻るので、記憶にない場合は狼男になっていることに気づかない可能性もある。満月の翌朝、身のまわりに獣の毛が散乱していたら怪しいかも。
　自ら変身するものもいて、変身するには、狼の毛皮を着る・宙返りを３回する・呪文を唱えるなどの方法がある。弱点は銀の十字架だ。これを溶かして作った鉄砲の玉を撃ちこむと倒すことができるという。変身中は不死身のため、これ以外の方法では傷を負わせることすら難しい。変身中に負った傷は、人間に戻ってからも残るといわれている。

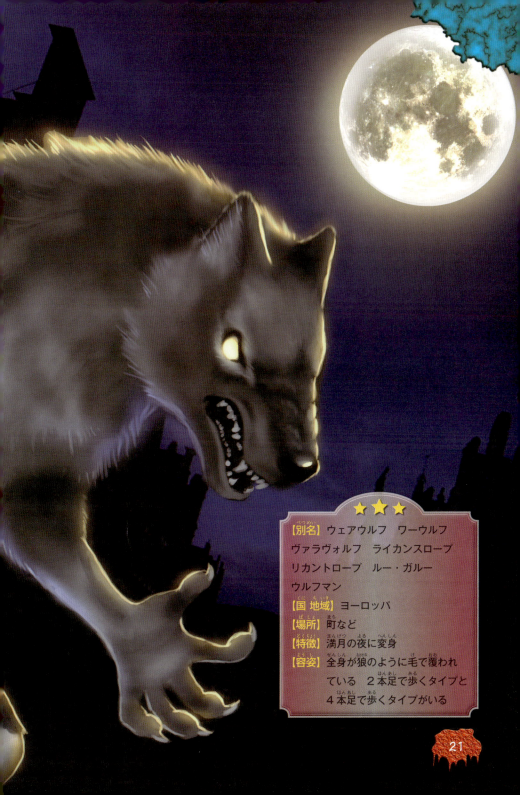

【別名】ウェアウルフ　ワーウルフ　ヴァラヴォルフ　ライカンスロープ　リカントロープ　ルー・ガルー　ウルフマン
【国 地域】ヨーロッパ
【場所】町など
【特徴】満月の夜に変身
【容姿】全身が狼のように毛で覆われている　2本足で歩くタイプと4本足で歩くタイプがいる

狼男の仲間たち

狼の毛皮をかぶったモンスターは狼男だけではない。狼男に似た獣のような人間のような姿で人々を襲う怪物は「人狼」と呼ばれ、たくさん存在している。

【オーボロチェニ】
　自分の意思で変身する人狼で、人間の姿のときは狼の毛皮を着ている。妖術を使って人を狼に変えることができるため、戦争時に暗躍した。敵兵を狼に変えることを目的に、送りこまれていたという。

【ルー・ガルー】
　人間だけでなく家畜をも襲った人狼。死肉も食べるため、墓を荒らすこともある。狼に変身しているときでも服のボタンなどは見えるという、何かのキャラのような不思議なかわいさがある。

【ヴコドラク】
　人狼であり、吸血鬼。狼の姿のときには退治することはできないが、サンザシ（小さな赤い実をたわわにつけるバラ科の植物）の枝をしかけておくとトゲに引っかかって変身が解けるという。

【ヴルコラカス】
　吸血人狼。死者が蘇って人狼となる。蘇ってから時間が経つほどに凶暴になり、倒すことができなくなる。

凶暴・野蛮な半人半馬
ケンタウロス

★★★
- 【別名】 ―
- 【国地域】 ギリシア　ローマ
- 【場所】 森林
- 【特徴】 誘拐や飲酒など素行が悪い
- 【容姿】 人間の腰から下が馬

半人半馬、野蛮で乱暴なケンタウロス。弓矢が得意で、森を棲処としている種族だ。酒を大量に飲んでは大暴れしたり、若い娘をさらってみたりと、犯罪者のような行動ばかり。ただ、ケンタウロス族にも、上品で知的なケイロンという男がいた。彼は、馬・弓・剣などが得意で、運動神経も抜群な上に医術も身につけていて、多くの英雄を育てたという。

猛毒を体内に持つ多頭龍
ヒュドラ

　ドラゴンの一種で、不死の多頭と猛毒を含んだ息を吐くために、非常に恐れられている。この猛毒はたちが悪く、吸ったり触れたりするとそこから肉が腐り出し、神ですらこの苦しみから逃れることはできない。ケンタウロス族（23ページ）のケイロンはヒュドラの毒が塗ってある矢に当たってしまったが、不死の肉体だったために死ぬことが許されず苦しみ続けた。耐えかねたケイロンは不死の肉体を神に返して、星座になったといわれている。

　5本から100本もあるという首は、1本切ると2本に増えて再生する。切ったら切っただけ増えるのだから、退治したければ首は切らないほうがいいかもしれない。首の断面を焼くと再生できないが、これは難しい作業だろう。

★★★

【別名】ヒドラ
【国 地域】ギリシア
【場所】沼
【特徴】人が触れると肉を腐らせる毒を持つ
【容姿】5本～100本の首 全長は数百メートルとも

気高いが凶暴な一角獣

ユニコーン

　頭に1本の長い角を持つことで知られる白馬。その気高さと美しさからか、紋章などに使われることもある。たてがみを触られたり背中に乗られたりすることを嫌うが、純潔を愛するため、若く清らかな娘だけがユニコーンの背中に乗ることができる。

　しかし娘のそばにいないときには非常に凶暴で、近づく者はすべて長い角で突き刺して殺す。いつも砂漠や荒野を1頭で歩いているが、必ず機嫌が悪いので決して近づいてはいけない。象ですら1突きで殺してしまうというから、ユニコーンの角は恐るべき殺傷能力なのだ。また、この角は強いだけではなく解毒の力を持っている。角で作ったカップに入れた水を飲むと、体内の毒を消すことができるという。

★★★

【別名】 ―
【国 地域】 ヨーロッパ
【場所】 砂漠　荒野
【特徴】 近づく者を角で攻撃する
　　　　いつも機嫌が悪い
【容姿】 らせん状の角は1メートル程度
　　　　子馬～ライオンくらいの大きさ
　　　　ライオンの尻尾

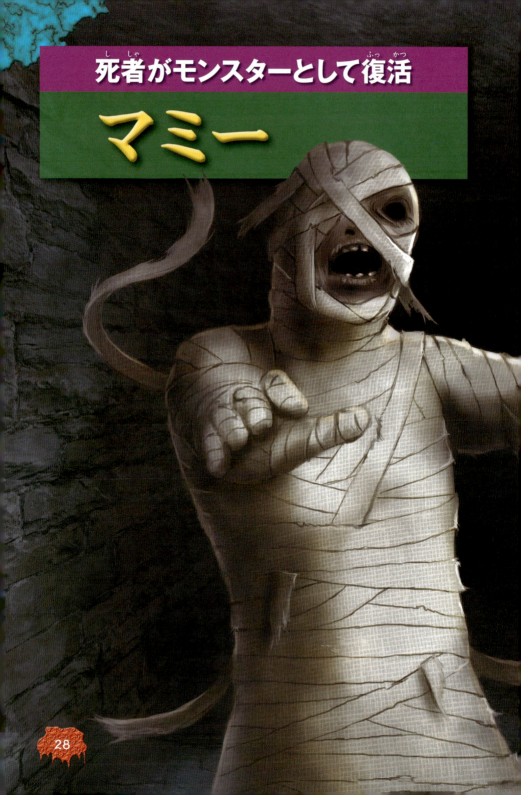

死者がモンスターとして復活
マミー

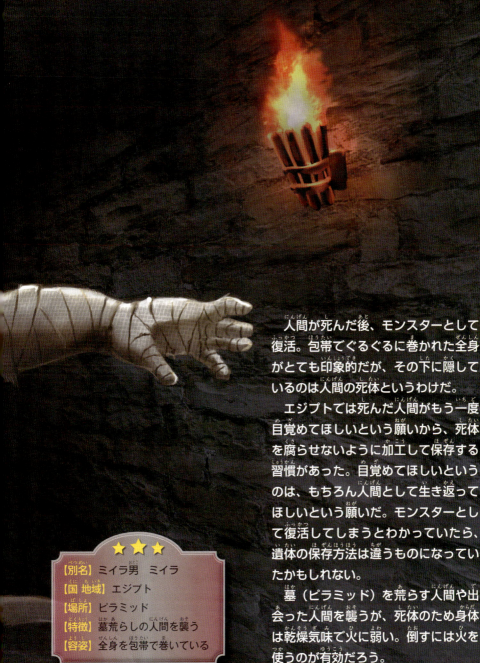

人間が死んだ後、モンスターとして復活。包帯でぐるぐるに巻かれた全身がとても印象的だが、その下に隠しているのは人間の死体というわけだ。

エジプトでは死んだ人間がもう一度目覚めてほしいという願いから、死体を腐らせないように加工して保存する習慣があった。目覚めてほしいというのは、もちろん人間として生き返ってほしいという願いだ。モンスターとして復活してしまうとわかっていたら、遺体の保存方法は違うものになっていたかもしれない。

墓（ピラミッド）を荒らす人間や出会った人間を襲うが、死体のため身体は乾燥気味で火に弱い。倒すには火を使うのが有効だろう。

★★★
【別名】ミイラ男　ミイラ
【国 地域】エジプト
【場所】ピラミッド
【特徴】墓荒らしの人間を襲う
【容姿】全身を包帯で巻いている

ミイラの元祖と現代のミイラ？

ミイラを最初に作ったのは、黒いジャッカルの頭に人間の身体を持つ、アヌビス（116ページ）というエジプトの神だ。神オシリスの遺体を腐らないように処理したのが始まりだったという。

ミイラを作る手順は複雑で、遺体に防腐効果のあるスパイスを塗りこんで、不死に導く呪文を唱える。これらは単なる作業ではなく儀式として行われた。人間の手ではなく、神の手で儀式が行われれば、モンスターにはならずにすむのかもしれない。

ところで、現代の日本でも、ミイラのような男が現れるといううわさがある。「注射男」という怪人で、全身を包帯でぐるぐる巻きにしているのだ。

注射男は、学校帰りの子どもを待ちぶせしていて呼び止める。そしてすきを狙って注射をするのだ。注射器の中身は、毒薬だという話だ。打たれないようにするには、不審な人物に呼び止められても立ち止まらないことだろう。

注射男の正体はまだわかっていないが、似たモンスターが世界に分布しているというのはよくあることだ。ひょっとしたら、エジプトのマミーと同種族の妖怪が、日本にも出没するようになったのかもしれない。

人間を殺す巨大タコ
クラーケン

- 【別名】 —
- 【国・地域】 北欧
- 【場所】 海
- 【特徴】 魚を呼ぶ分泌物を出す
- 【容姿】 全長2キロメートル イカ型のときもある

全長2キロメートルもあるビッグサイズのタコ。イカだという説もある。身体中に藻が生えているので、海面に浮かんだ姿は島のように見える。身体からは魚が好む成分がにじみ出ていて、魚たちが多く集まる。そのため、近くにクラーケンがいると漁船は大漁となるのだが、クラーケンは船を嫌うので、気づかれると沈められてしまう。

【別名】スピンクス
【国 地域】エジプト　ギリシア
【場所】ギリシアでは砂漠
　　　　エジプトでは墓地
【特徴】墓を守る　なぞなぞを出す
【容姿】人の顔　ライオンの身体
　　　　蛇の尻尾　背に翼

人頭獣身の翼がある怪物
スフィンクス

同じ名前で呼ばれているが、エジプトとギリシアのスフィンクスは種類が違う。エジプトのスフィンクスは、王の顔にライオンの身体、尻尾は蛇という姿で王家の墓を守っている番人的存在だ。ピラミッドの近くにある巨大石像がこれで、墓を荒らすような悪い人間がいたら踏みつぶしてしまう。

一方、ギリシアのスフィンクスは女性の顔をしていて、身体はライオン、背には翼が生えている。人間になぞなぞを出すのが好きで、道行く人に問題を出し、答えられなかった人間を食べてしまう。だれもが勝負に勝てなかったが、ギリシアの英雄オイディプスはみごと正解し、スフィンクスは悔しさのあまり自ら命を絶ってしまった。

山に棲む毛むくじゃらの大男
イエティ

　イエティというより、雪男という名前のほうがピンと来るかもしれない。雪の降る山に出没する、全身が毛で覆われた大男だ。20世紀（1901年〜2000年）に入ってからも多数の目撃情報があり、2015年にも映像撮影に成功したと話題になった。

　足跡や排泄物なども発見されていて、それらから推測すると身体の大きさは2〜3メートルほどで、体重は200キログラム以上はあるとされる。これだけの巨体なのでかなり警戒してしまうが、凶暴性はないといわれている。

　似たようなモンスターに、サスカッチやビッグフットがいる。彼らも雪山に現れる巨大な男で凶暴性はない。目撃情報も多く、今後もまた世間をにぎわすこともあるだろう。

★★★
- 【別名】雪男
- 【国 地域】アメリカ　カナダ　インドなど
- 【場所】雪山
- 【特徴】凶暴性はない
- 【容姿】身長2〜3メートル　体重200〜300キログラム　足のサイズ40センチメートル

魔法を使って空をスイスイ
魔女(まじょ)

　魔法を使う女はすべて魔女と呼ばれる。15世紀から18世紀くらいには魔女をとらえて処罰する「魔女狩り」「魔女裁判」などが行われ、魔術を行うことは禁止されていた。それだけ人々の生活に魔女や魔法が密着していたと考えていいだろう。

　魔女は神を否定し、自分の子を悪魔のいけにえにしたり、人を殺して食べたりと、罪深い行いを繰り返す。魔女の行う「サバト」は悪魔崇拝の儀式で、森や山などでこっそりと開かれた。サバトでは人間を料理して食べたり、悪魔の洗礼を受けたり、動物やほうきに乗って空を飛行したりする。これらは人に害を与える「黒魔女」の行いだが、魔女には「白魔女」と呼ばれる種もある。白魔女は占いや治療で人を幸運に導く、良い魔女なのだ。

【別名】―
【国 地域】世界各地
【場所】屋内屋外問わず
【特徴】ほうきで空を飛ぶ
　　　　魔法を使う
【容姿】黒いマント　黒い帽子
　　　　老婆が多い

魔女の呪い

魔女は呪いをかけて人間や家畜や農作物に害を与えることがある。相手のことが嫌いだったり恨んでいたりすることが原因の場合もあるし、恋のライバルを蹴落とすために使うときもある。

破滅に追いやりたい家畜小屋があるときは、その戸口の下に髪の毛の束かヒキガエルを置く方法を使ったという。この上を通る動物が餓死する呪いをかけるのだ。

呪いは自然に消えることはない。きちんと解いてやらないと、いつまでも続く。しかし解く方法も、動物の内臓を引き出して使うなどの恐ろしい手順が必要なのだ。

木の実や果物の中に悪魔を閉じめて、これを食べたり触れたりする者に呪いをかける方法がある。

ある魔法使いが、呪いをかけたりんごを橋の欄干に置いたことがあった。りんごに呪いがかかっていることを見抜いた人がいて、どうにかしてりんごをどけようとした。そのままにしておけば、いつかだれかに呪いがかかってしまうからだ。

一人の勇気ある者がある程度の距離まで近づき、長い棒でりんごを川に落とした。すると、小さな悪魔が次々とりんごから飛び出した。見ていた人たちが石を投げつけると、悪魔たちは水に沈んでいったという。

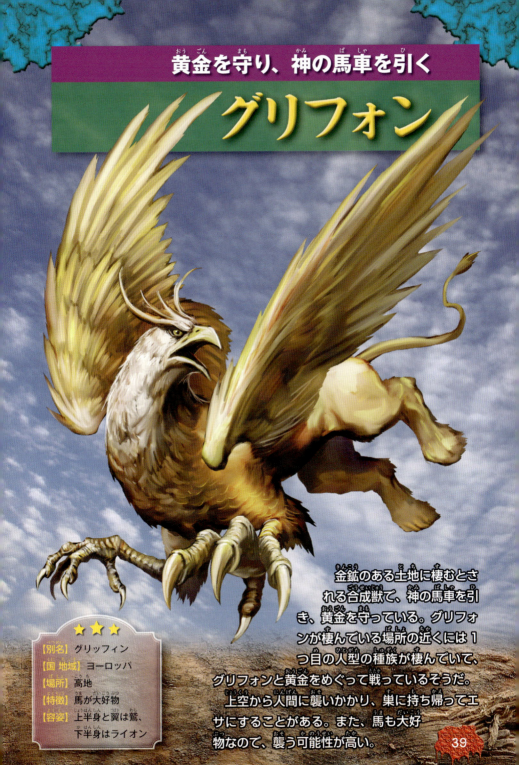

黄金を守り、神の馬車を引く
グリフォン

金鉱のある土地に棲むとされる合成獣で、神の馬車を引き、黄金を守っている。グリフォンが棲んでいる場所の近くには1つ目の人型の種族が棲んでいて、グリフォンと黄金をめぐって戦っているそうだ。上空から人間に襲いかかり、巣に持ち帰ってエサにすることがある。また、馬も大好物なので、襲う可能性が高い。

★★
- 【別名】グリッフィン
- 【国 地域】ヨーロッパ
- 【場所】高地
- 【特徴】馬が大好物
- 【容姿】上半身と翼は鷲、下半身はライオン

下半身が魚の美女
マーメイド

　世界中で目撃のあるマーメイド。髪が長い美女というのが一般的で、下半身は魚のよう。歌がうまく、その歌声を聞いた者は正気を失ってしまう。マーメイドの歌を聞いて心を惑わされた船乗りは、船の操舵ができなくなり転覆してしまうほどだというから、その美声は想像を絶するものなのだろう。岩に腰かけて長い髪をとかしていることが多いマーメイド。歌いながら髪をとかす絶世の美女を想像すると、まるで芸術品のようである。

　海での漁を助けたり嵐を予言したりと、人間の手助けをしてくれるマーメイドも多いが、船を転覆させて人を海に引きずりこむものもいる。また、人間と恋に落ち結婚するものも。人間に近い姿をしているからこそ、心を通わせることも多いのだろう。

★★★

- 【別名】人魚
- 【国 地域】世界各地
- 【場所】海 川
- 【特徴】歌がうまい　歌声を聞いた者の心を惑わす　漁を助ける　船を転覆させる
- 【容姿】下半身が魚　髪が長い　肌が白い

41

個性豊かなマーメイドたち

　世界にはいろいろな種類のマーメイドがたくさんいる。それぞれ個性的で魅力的だ。

【ジェング】
　アフリカのマーメイドで、海だけでなく川にも棲んでいる。やさしく愛情に満ちた性格で、病気を治したり幸運を授けたりし、人々の信仰を集めている。

【ネイレス】
　ギリシアのマーメイドで、深海を守る存在。このマーメイドもやさしい性格で、魚のよくとれる場所に漁師を導くことがある。嵐の予言も行う。

【人魚】
　日本のマーメイドは半魚人のように醜いのが特徴。手に水かきがあったり、カエルのような顔や魚のような顔をしていたりする。肉には不老不死になる力があるとされる。

【ハヴマンドとハルフゥ】
　ノルウェーのマーメイドで、ハヴマンドがオス、ハルフゥがメス。ハルフゥは嵐を起こしたり漁の邪魔をしたりするが、ハヴマンドはおだやかでやさしい性格の美青年だ。

【グラウコス】
　海のように青い髪をしている、ギリシアのマーメイド。元は人間だったが、薬草を食べてしまったせいで下半身が魚になった。

食卓に現れて荒らしまくる
ハルピュイア

上半身は女、下半身と翼は鷲。食べても食べても満腹にならないため、いつも飢えていて顔色が悪い。人間の食事時に現れては、汚く食べ散らかし、食卓の上を飛びまわりフンをまき散らす。一度狙われると、食事のたびにやってくるようになる。また、戦場に現れては傷ついた者をとらえて運び去る。巣に持ち帰り、人間をもエサにしているのだろう。

★★★

- 【別名】ハーピー
- 【国 地域】ギリシア
- 【場所】戦場　食卓
- 【特徴】人間の食卓を荒らす
- 【容姿】鷲の翼　鷲の下半身

人と牛との間に生まれた呪われし王子
ミノタウロス

　美しい王妃とオス牛の間に生まれたため、頭と蹄は牛で身体は人間という呪われた姿で生を受けた。性格は凶暴でだれも手がつけられないほどだったが、ミノタウロスは王子だったので退治することは許されなかった。そのため、絶対に脱出することはできないといわれる迷宮に閉じこめられたのだ。ミノタウロスはそこで、いけにえとして送りこまれる少年少女を食べて、命を永らえていた。
　3回目のいけにえの中に英雄テセウスがまぎれこんでいて、ミノタウロスをみごとに倒した。脱出不可能といわれる迷宮だったが、テセウスは糸玉を持って迷宮に入りこんだため、糸をたぐって出口までたどり着くことができた。

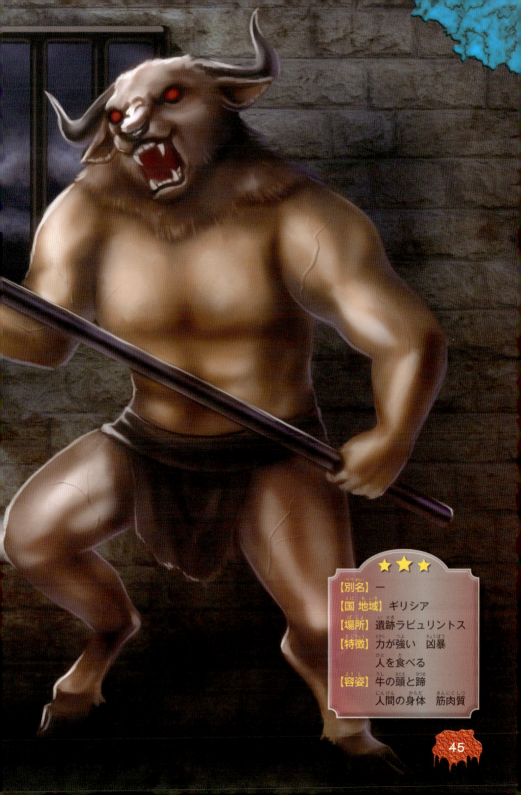

★★★
【別名】 —
【国 地域】 ギリシア
【場所】 遺跡ラビュリントス
【特徴】 力が強い　凶暴
　　　　人を食べる
【容姿】 牛の頭と蹄
　　　　人間の身体　筋肉質

決して眠らない地獄の番犬
ケルベロス

　冥界（死後の世界）の入り口で番犬の役目をしているケルベロス。頭が３つで尻尾が蛇、背中や首にも多くの蛇が生えている。鳴き声も恐ろしく、性格も凶暴。死者が逃げ出さないように恐ろしい姿と声と性格で見張っているというわけである。また、３つの頭は順番に眠るため、ケルベロス本体が完全に眠ってしまうことはない。黒く鋭い歯が生えていて、咬まれた者は即死する。番犬にはもってこいの特徴ばかりだ。

　以上はギリシア神話のケルベロスだが、キリスト教でのケルベロスは魔神という扱いになっている。地獄では侯爵の位を持ち、しわがれた声でよくしゃべり、他者には丁寧に接する性格で、美術を教えているのだとか。同じ生き物とは思えない、興味深い怪物である。

★★★

【別名】ナベルス
【国 地域】ギリシア
【場所】地獄
【特徴】生肉を食べる　恐ろしい声
　　　　残虐な性格　地獄の番犬
【容姿】頭が３つ　首のまわりには
　　　　たてがみのように生えた蛇
　　　　尻尾が蛇

武器を作る一つ目の巨人
サイクロプス

　サイクロプスは一つ目の巨人で、ギリシア語の「キュクロープス」を英語読みしたもの。名前の由来はギリシア語で、丸い（Kýkl-）目（ōps）だというから、よほど大きくて印象的な目が1つついているのだろう。彼らは、ギリシアの神々の武器を作る立派なサイクロプスと、地上で人間の肉を食べている乱暴なサイクロプスに分けられる。同じ種族であっても、上品な人間と下品な人間がいるのと同じことのようだ。

　武器を作るサイクロプスは、鍛冶の神ヘパイストスの手伝いをしていて、神々に優れた武器を贈ったことがある。海の神ポセイドン（102ページ）が持っている有名な三叉の鉾も、サイクロプス作なのだ。一方、乱暴なほうは人間を殺したり食い荒らしたりしたため、酒を飲まされて酔ったところを襲われ、焼けた棒で一つ目を刺されてしまった。

★★★

【別名】キュクロプス
　　　　キュクロープス
【国 地域】ギリシア
【場所】地上　火山の下
【特徴】武器作りが得意
　　　　人間を食べる
【容姿】身長 2500 メートル
　　　　一つ目

見た者を石に変える三姉妹
ゴルゴーン

　醜い顔をした怪物三姉妹。長女はステンノ、次女はエウリュアレ、三女はメデューサという。彼女たちはもともと美しい女だったが、発言や行動が神を怒らせたため、姿を変えられてしまった。醜い顔に猪のような歯、髪の1本1本は蛇で、手は青銅で黄金の翼を背負う姿となったのだ。

　また、このときに見る者を石にしてしまう力を得て、不死の身となった。しかし不死になったのは姉二人だけで、メデューサは不死ではなかったので後に首を切られることとなる。三姉妹のうち、特に神を怒らせたのはメデューサだった。彼女は美しい巻き毛をしていて、女神アテナの髪より美しいと言ってしまったため、アテナの怒りを買ったという説がある。

メデューサの首の行方

　ゴルゴーン三姉妹のうち、末っ子のメデューサだけが不死ではなかったため、首を切られるという悲劇が訪れた。

　ゴルゴーンの首を取ってくるように命じられた英雄ペルセウスは、メデューサの首を狙った。

　ペルセウスの準備は万全だった。メデューサの元に向かう彼は、翼のある靴、姿が見えなくなる帽子、ゴルゴーンの首を入れるための袋、軍神アテナから贈られた強力な剣と盾で身を固めた。

　退治のとき、ペルセウスは青銅の盾を鏡にしてメデューサを映し、直接彼女を見なくてすむように工夫して首をはねたのだった。

　メデューサの首を袋に入れると、ペルセウスは逃げ出した。これに気づいた二人の姉が後を追ったが、追いつくことはできなかった。翼のある靴をはいているのだから、逃げることもたやすかったのだ。

　メデューサの首は、切られた後も見た者を石にする力を失わなかった。ペルセウスはメデューサの首を袋に入れて持ち歩き、ほかの怪物を退治するときに利用した。

　後にメデューサの首は軍神アテナに贈られ、アテナの盾に埋めこまれた。アテナの盾についているのは、見た者を石に変えるメデューサの顔なのだ。

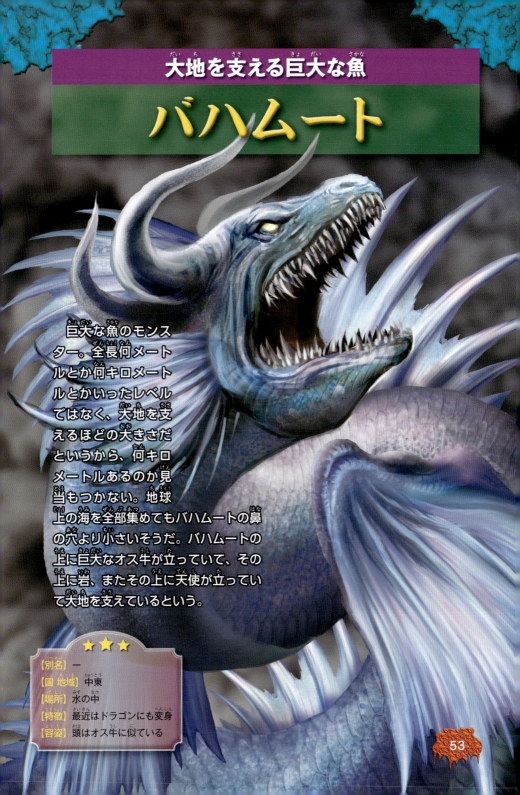

大地を支える巨大な魚
バハムート

巨大な魚のモンスター。全長何メートルとか何キロメートルとかいったレベルではなく、大地を支えるほどの大きさだというから、何キロメートルあるのか見当もつかない。地球上の海を全部集めてもバハムートの鼻の穴より小さいそうだ。バハムートの上に巨大なオス牛が立っていて、その上に岩、またその上に天使が立っていて大地を支えているという。

★★★
【別名】 ―
【国・地域】 中東
【場所】 水の中
【特徴】 最近はドラゴンにも変身
【容姿】 頭はオス牛に似ている

53

吐く息で生き物を殺す毒蛇
バジリスク

　猛毒と妖力を持った蛇、バジリスク。その邪眼は、視線だけで人を殺したり石にしたりすることができる。身体からは毒の気が発せられていて、歩いたところは植物があったとしてもたちまち砂漠化してしまう。口からは毒液を出し、飛ぶ鳥をも仕留めて食ってしまう。また、バジリスクが飲んだ川の水は汚染され、数百年も消えない毒が流れる川となる。

　普通の蛇と違うのは、頭にトサカがあることと、胸を地面につけずに歩くこと。この２点に注意すれば見分けることができるだろう。

　弱点はイタチと雄鶏で、特に雄鶏の鳴き声を聞くとすくみ上がる。バジリスクの頭にあるトサカと何か関係があるのだろうか。また、水晶を使えば、邪眼の妖力を跳ね返すことができる。

★★★

【別名】バジリスク
【国 地域】アフリカ
【場所】砂漠
【特徴】毒液を出して生き物を殺す
　　　　視線で人を殺す
　　　　胸を地面につけずに進む
【容姿】体長約30センチメートル
　　　　王冠のようなトサカ

　平頂山蓮華洞に棲む妖怪の兄弟で、兄が金角大王、弟が銀角大王という。それぞれ、金色と銀色の鎧を身につけ、頭部からは1本の角が生えている。角もやはり、金色と銀色をしている。金角は臆病だが、銀角は勇敢で強い。銀角の強さは、天界で恐れられた孫悟空と互角に戦うほど。
　もともとは天界に棲む二人の子どもだったが、不思議な力を持つ5つの「仏宝」に魅了され、天界から盗み出して地上へ逃げた。子どもの目には魔法のアイテムのように見えたのだろう。地上では狐の妖怪「九尾の狐」が育ての母だった。
　5つの仏宝とは、紅瓢箪、琥珀瓶、七星剣、芭蕉扇、幌金縄。紅瓢箪と琥珀瓶は敵を吸いこんで溶かしてしまう瓢箪と瓶で、七星剣は虹色の火花を出す強い剣、芭蕉扇は扇げばたちまち火の海になる扇で、幌金縄は投げれば敵を縛り上げる縄だ。

孫悟空をさんざん苦しめた妖怪兄弟
金角大王・銀角大王

★★★
- 【別名】―
- 【国 地域】中国
- 【場所】地上 洞窟の中
- 【特徴】5つの仏宝を操る
- 【容姿】金色と銀色の鎧姿 頭からは金色と銀色の角

半人半鳥の恐ろしい歌姫
セイレーン

★★★

- 【別名】サイレン　セイレン
- 【国 地域】ギリシア
- 【場所】海
- 【特徴】歌声で船乗りを魅了する
- 【容姿】胸から上は女　下半身は水鳥

　胸から上が美しい女で下半身が水鳥。小さな島に棲み、歌声で人を島におびき寄せてはむさぼり食う。歌声を聞いたら海に飛びこんでしまうか、島に引き寄せられてしまうかのどちらかで、逃げることはできない。救急車やパトカーなどが出す警報音を「サイレン」というが、これはセイレーンが語源だといわれている。サイレンは脳みそその奥まで入りこんでくるような、頭がぐらぐらするような強烈な音だ。セイレーンの歌声もそのようなものなのだろう。
　恐ろしい面ばかりが注目されてしまうセイレーンだが、ほかの顔も持っている。風をおさめる力があり、死者を冥府（死者の行く世界）に送る役目がある。また、幸福の島（西方にあるという、幸せな死者だけが棲むことのできる島）の音楽家でもあるのだ。

臭いはすれども姿は見えず
ゴモラー

ジャングルや沼などに棲みつく妖怪だが、目に見えない。目に見えないのに、なぜそこにいるとわかるのかというと、とんでもない臭いを放っているからだ。それはハエなどが好む臭いで、そばに寄ってくる虫をエサにして生きているという。おそらく、腐った食べ物のような臭いなのだろう。人間を襲うことはないようだが、これもまた迷惑な妖怪である。

★★★
【別名】ー
【国 地域】アフリカ
【場所】ジャングル　沼
【特徴】たえられないほどの臭い
【容姿】目には見えない

変幻自在の白い牛
牛魔王(ぎゅうまおう)

★★★
- 【別名】平天大聖　大力王
- 【国 地域】中国
- 【場所】地上　天空
- 【特徴】高い変身能力を持つ
- 【容姿】巨大な白い牛

『西遊記』に登場する牛の妖怪で、体長3キロメートル以上ある白い牛。孫悟空（80ページ）と、※義兄弟の契りを交わしていたが、後に戦うことになった。変身術はコウノトリ、鷹、鶴などの鳥類から、虎、鹿、豹、象などの獣までお手のもので、孫悟空と対等に戦った。妖力も強く戦闘能力も高い、非常に優れた妖怪だ。

※義兄弟…血はつながっていないが、兄弟と同じであると固く誓いあうこと。

森に棲む奇妙な姿のドラゴン
ジャバウォック

小説『鏡の国のアリス』に出てくる「ジャバウォックものがたり」という詩の中に登場するドラゴン。詩によると、咬みつくあご、ひっかける爪、火のような目を持っていて、深い森の奥からふうふう唸りながら飛んできて、ぶくぶくと鳴く。姿は不気味なのだが、詩の終盤では子どもにあっけなく首を切られているので、強いモンスターではなさそうだ。

★★★
- 【別名】ジャバウォッキー
- 【国 地域】イギリス
- 【場所】地上　森
- 【特徴】ふうふう唸る　ぶくぶく鳴く
- 【容姿】コウモリのような翼
  細くて長い首　手足が細い
  指が細く長い　頭に触角
  ナマズのようなひげ
  チョッキを着ている

出会えば死に至る魔犬
ヘルハウンド

★★★
- 【別名】ブラックドッグ
- 【国・地域】ヨーロッパ
- 【場所】地上
- 【特徴】足音がない
- 【容姿】大きさは子牛くらい　身体は真っ黒　目が赤い

見た者を死に追いやる魔犬。見たからといってすぐに死ぬわけではなく、だんだんと元気がなくなり、絶望し、衰弱して死んでいく。即死ではないのなら、魔犬を見たことが原因で死んだとは思わないかもしれない。子牛ほどもある身体なのに足音はないので、知らぬ間に近くにいる可能性もある。身体は真っ黒、目は真っ赤で口からは炎を吐くという。

63

一人の恋人を愛し続ける人魚

ローレライ

ライン川に現れる水の精。ほかの人魚がそうであるように、彼女もまた歌がうまく、歌声を聞いた船乗りは操舵不能となり遭難する。

ローレライがほかの人魚と違うのは、元は人間だったこと。死んだ恋人を忘れられず、悲しみのあまり川に飛びこんだローレライ。その後、ライン川にローレライが現れるようになるが、それはもう人間の娘ではなかったのだ。

★★★

【別名】－
【国 地域】ヨーロッパ
【場所】ライン川（ドイツなど）
【特徴】歌声が美しい
【容姿】髪の長い美女

マルコ・ポーロも目撃した伝説の鳥
ロック鳥

　象を3頭つかまえて持ち帰ることができるほど大きな怪鳥。巨大で白い身体だが、そのほかは変わった特徴はない。

　民話『シンドバッドの冒険』では、シンドバッドがロック鳥の巣でできた島に上陸してしまい、脱出する様子が書かれている。また、イタリアの冒険家マルコ・ポーロは、モンゴルの皇帝フビライ・ハーンの宮殿でロック鳥を見たそうだ。

★★★

【別名】ルフ鳥　ルク
【国 地域】中東　マダガスカル
【場所】ロック鳥の島
【特徴】象をひなのエサにする
【容姿】エジプトハゲワシに似ている
　　　　白い身体　大きな翼

65

機を織り続けるクモ女
アラクネー

永遠に機を織る、下半身がクモの女。もとは機織りが得意な人間の女だったが、慢心が原因で、女神といさかいを起こして自殺した。そのまま死なせてもらえずに、女神にクモ女としての命を与えられてしまった。クモが布でも織るように、せっせと巣を張っている様子を見たことがあるだろうか。あれはアラクネーが機を織っている姿なのだ。

★★★

【別名】アラクネ
【国・地域】ギリシア
【場所】クモの巣のあるところ
【特徴】機織りが得意
【容姿】下半身がクモ

角を持つ黄色いウサギ
アル・ミラージュ

【別名】―
【国 地域】不明
【場所】インド洋の島
【特徴】ウサギだが肉食
【容姿】頭に1本の角
　　　 角はらせん状
　　　 毛の色は黄色

　アル・ミラージュは、頭にらせん状の角を持つウサギのモンスターだ。ウサギはおとなしい生き物だが、アル・ミラージュは肉食で凶暴、大きな獣や人間を襲ってエサにする。逃げようとしても、ウサギは足が速いので難しいだろう。
　身体は黄色く、大きな角もあるので、モンスターであることは遠目にもわかるはず。早めに気づいて逃げたいものだ。

すべてを見る百眼の巨人
アルゴス

　怪物アルゴスのあだ名は「すべてを見るもの」だ。全身には100個の目があり、目は交代に休むため眠ることがない。24時間、すべてを見続けることができるのだ。
　女神ヘラから命じられて見張りの仕事をしていたが、神ゼウスにとって都合が悪かったので、退治を計画されてしまう。ゼウスは笛の名手ヘルメスに退治を依頼。ヘルメスは、聞いているだけで心地よくなる音色を奏でる上に、だれでも眠らせることができる杖を持っていた。このアイテムを使って、みごとにアルゴスを眠らせて首を切ってしまったのだ。
　アルゴスの死を不憫に思ったヘラが、アルゴスの目を孔雀の羽につけた。孔雀の尾にずらりと並ぶ目のような模様は、アルゴスの百眼なのだ。

★★★
【別名】　ー
【国 地域】　ギリシア
【場所】　天上
【特徴】　眠らずに見張りをする
【容姿】　全身に100個の目　巨人

前後に進むことができる双頭の蛇
アンフィスバエナ

　アンフィスバエナは2つの頭がある蛇で、もう一方の頭は尻尾の先にある。普通の毒蛇と同じような毒は持つものの、モンスターとしての特別な力はない。にらむだけで他者を殺すとか、毒の気を漂わせるだとかの恐ろしさはないので出会っても安心だ。それどころか、生きたままとらえると妊婦のお守りになる。また、西アフリカのフォン族では、双頭の蛇の腕輪が幸運のお守りとされているという。
　移動方法が非常におもしろい。輪のようなポーズをとり、タイヤを転がすようにコロコロと進むというのだ。この進み方なら、2つの頭がどちらに進むかということでケンカをするという事態にはならないだろう。

★★★

【別名】双頭蛇　アムピスバイナ
【国 地域】アフリカ
【場所】屋外
【特徴】特殊な毒がない
【容姿】尾の先にもう1つの頭がある
　　　　明るい緑色の身体に
　　　　濃い緑色の斑点

蛇のモンスターたち

世界には蛇のモンスターがたくさんいる。恐ろしかったり神々しかったりと、蛇ならではのモンスターばかりだ。

【ナーガ】
インドの蛇神。下半身が蛇で上半身は人間で、頭にも5匹の蛇を持つ。また、7つの頭を持つ蛇だともいわれる。猛毒を持っていて、人間を殺してしまうのはもちろんのこと、相手が悪魔でも倒してしまう。

【ウロボロス】
無限大を表す記号「∞」の元となったといわれるモンスター。尻尾をくわえた形で表現され、不死や無限を意味するという。

【アポピス】
神と敵対しているエジプトの大蛇。神を飲みこんでしまうことがあり、そのときには日食が起こり、死者が天国へ行けなくなるという。

【ダ】
西アフリカのフォン族に伝わる大蛇。大きさはケタ違いで、天空と大地を支えるほどのビッグスケールだ。とぐろを巻いていて、その巻き数は7千巻き。身体の半分は地上、半分は地下にあって、天地を支えているのだという。

【ラミア】
上半身が女で下半身が蛇。人間の子どもを盗んで食うモンスター。

数千の目を持つ肉の塊
太歳(たいさい)

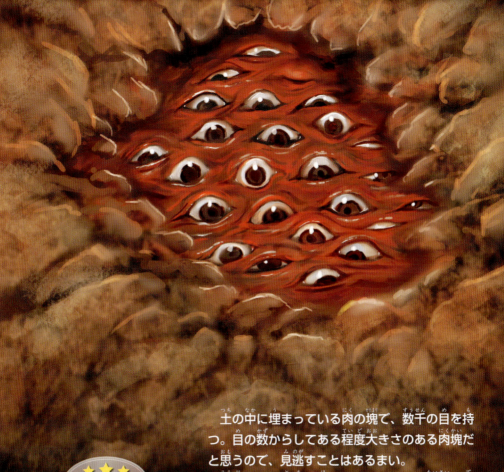

【別名】 —
【国・地域】 中国
【場所】 地面の中
【特徴】 掘り出すと家族全員が死ぬ
【容姿】 肉の塊
　　　　数千の目がついている

　土の中に埋まっている肉の塊で、数千の目を持つ。目の数からしてある程度大きさのある肉塊だと思うので、見逃すことはあるまい。
　工事などで土地を掘っているときに、太歳が出てきてしまうと、上に住んでいる人間はすべて死ぬという。すぐに工事をやめて元通りに埋めれば、災難から逃れることができる。土葬が行われていた墓場で、まだ土に戻っていない死体が妖怪化したものかもしれない。

　一目先生＋4匹で一目五先生と呼ばれる不思議な妖怪。一目先生だけが一つ目で、あとの4匹には目がなく一目先生の目を通してものを見る。一目先生がリーダー的存在で、4匹は勝手な行動はとらないで命令に従う。いつも5匹で連れ立って行動する。
　一目五先生は眠っている人のそばに行っては、においをかぎ病気にしてしまう。1匹1匹順番にかいでいくのだが、かいだ匹数が多くなると重病化し、5匹目がかぎ終わると死んでしまう。
　においをかぐと見た目にも腹がふくらむそうなので、精気のようなものを吸い取っているのかもしれない。だれかれかまわず、においをかぐわけではなく、善人や徳の高い人間は避けるという。

いつも連れ立って歩く5匹組
一目五先生

【別名】—
【国 地域】中国
【場所】寝室
【特徴】においをかいで病気にかからせる
いつも5匹で行動する
【容姿】5匹のうち1匹だけが1つの目を持っている

【別名】ー
【国・地域】中国
【場所】海
【特徴】漁で網にかかることがある
【容姿】1つの身体に100種類の頭を持つ

100種類の頭を持つ魚
百頭

　頭の数が多い妖怪はたくさんいるが、この百頭はほかの妖怪たちとはちょっと違う。100の頭がそれぞれ違う動物なのだ。1匹の魚の身体に、100種類の頭がついているという奇怪な生き物だ。100種の頭がついているのだから、相当な大きさだろう。猟師の網にかかることがあるようだが、悪さをしたという記録はない。

　このモンスターが生まれた原因は、前世の行いが関係しているという。百頭の前世はインドの僧で頭がよく、他人をバカにするくせがあった。人が漢字を読み間違えるたびに「猿の頭」「馬の頭」とからかったそうだ。これが悪業となり、自らが口にした言葉を背負って生まれてくることとなった。悪口は自分に跳ね返ってくるということだ。

神より怪力な身長1キロメートルの巨人族

ギガース

　ギリシアの神々と敵対した巨人族。上半身は人間で、足の1本1本がそれぞれ蛇、もしくは下半身が龍の姿をしている。怪力の上、身体も大きく、その身長は1キロメートルにも及ぶ。髪の毛は濃く、下あごのひげも濃い。

　神々に戦いを挑んだとき、怪力を生かして岩や火のついた樫の木を空に投げた。神にたてついたとはいえ、ギガースは地の女神ガイアから生まれている勇敢な戦士だ。戦いを挑んだのも最高神ゼウスの支配を終わらせようとしたためだった。ギガースは神には倒されないが、人間の手によって倒されると予言されていた。予言のとおり、神とは互角に戦ったが、人間の血を引く英雄ヘラクレスの矢で倒された。

★★★

【別名】ギガス　ギガンテス
【国 地域】ギリシア
【場所】地上
【特徴】怪力で空に岩を投げられるほど
【容姿】身長1キロメートル
　　　両足が蛇、もしくは下半身が
　　　龍の姿　下あごに濃いひげ

石から生まれた妖怪の王
孫悟空

　『西遊記』で三蔵法師と旅をすることで知られる孫悟空だが、もともとは暴れん坊で手がつけられない凶暴な妖怪だ。石から生まれ、美猴王と名乗って近辺の猿たちの王となったが、後に周辺の妖怪の王として君臨した。
　人語を話し、変身は72変化、空を飛ぶ觔斗雲に乗り、伸縮自在の如意金箍棒を振りまわし、怪力は岩をも砕く。孫悟空の暴走を防ぐために頭に緊箍児という輪っかがはめられていて、呪文によりきつく締まる。
　神も手を焼くほどの乱暴ぶりに五行山に封印されたが、暴れん坊というだけではなく忍耐力もあった。500年もの間、五行山で耐え抜いた末に、三蔵法師がやってきてようやく救出されたのだ。

【別名】	斉天大聖　美猴王
【国 地域】	中国
【場所】	地上
【特徴】	72種類の変身ができる 雲に乗る　如意棒を操る
【容姿】	猿の姿　人語を話す 頭に緊箍児　手に如意金箍棒

いたずら好きの無邪気な1本足
トッケビ

　世界のモンスターは怖いものが多いのだが、このトッケビは日本の妖怪に通じるかわいらしさと無邪気さがある。1本足に1つ目、頭には1本の角。人間や鬼に化けて人を驚かせたり、牛のフンをカニに見せかけて人間に獲らせたりと、あまり害のないいたずらを楽しむ。人間を思う存分からかった後は、笑いながら山のほうへピョンピョンと帰っていく。

　水辺に現れること、人間をからかうこと、相撲が好きなことなど、日本の河童との共通点が多い。ただ、1本足なので相撲では足をひっかけられてしまい、勝つことはまずないという。川に来た人間に話しかけることもあるが、「キムさん」という言葉しか言えないので、人に化けていたとしても少し話せば見破ることができるだろう。

★★★

【別名】―
【国 地域】韓国
【場所】水辺
【特徴】いたずら好き
　　　　「キムさん」としか言えない
【容姿】1つ目　1本足
　　　　1本の角　毛むくじゃら
　　　　火の玉のときもある

ぴょんぴょんぴょん 1本足大集合！

1本足の妖怪はどことなくユーモラスだが、性格はおだやかなものから凶暴なものまでいろいろだ。

【呑口】
人間のひざから下の形をしている、中国の妖怪。ひざの部分が大きな顔になっていて、目も口も大きい。手はなく、身体全体が毛深い。水の中に隠れていて、近づく人間を引きこむ。

【独脚鬼】
人間とほぼ同じ姿をしているが、背が高く1本足。人間を怖がって、山の中に棲んでいる。杖で山の動物を殴って殺し食料にし、ときおり人間もそのターゲットとなる。

【旱魃鬼】
旱魃とは、雨が降らずに日照りが続き、水不足となる状態をいう。旱魃鬼は、旱魃を起こす鬼なのだ。全身の色は真っ赤。1本足で手は2本。額に大きい目が1つあり、口は耳まで裂けている。髪が長く地面に着くほどだという説もあるので、全身が赤色というのは髪が赤毛だということかもしれない。

裂けた口を空に向かって大きく開け、息を吐き出して雨雲を追い散らし、地上に旱魃を起こす。

困った妖怪だが、毒矢などで簡単に倒すことができるようだ。倒した後はすぐに雨が降り始める。

涙で身体が溶ける切ない幻獣
スクォンク

ひどく引っこみ思案の泣き虫の妖怪で、めったに姿を現さない。引っこみ思案の原因は自分が醜いことを知っているからだという。

身体には多くのイボとアザがあり、シワシワで、顔は猪のようだとか。いつも泣いているので、涙のあとを追えばスクォンクに会えるが、追いつめられると涙で全身が溶けてしまうというから、深追いは厳禁だ。

★★★
- 【別名】―
- 【国・地域】アメリカ
- 【場所】森
- 【特徴】いつも泣いている
- 【容姿】身体中イボとアザとシワだらけ

深夜に首が抜けて飛びまわる
飛頭蛮

　夜になると身体から首が抜けて、首だけで飛びまわるのが飛頭蛮だ。昼間は普通の人間のように生活しているが、夜になると首が身体から離れる。飛頭蛮という個の妖怪がいるのではなく、そういう種族が中国の南方の辺境にいるとされる。その種族はみんな、首が抜けるという。夜、その地域に行くと首のない人間の姿をした妖怪ばかりが寝ているのだ。
　日本のろくろ首と同一視されるが、ろくろ首は種族ではなく個人に起こる現象だから別種だ。首が抜けている間は虫やカニやミミズなどを食べ、朝になると身体に戻って元の姿となるだけで特に悪さはしないようだ。首のまわりに糸のような赤い線がぐるりとついているのが目印だという。

★★★
【別名】落頭　抜け首
　　　　ろくろ首（正確には別種）
【国 地域】中国
【場所】寝室　家　屋外
【特徴】夜に変身するが記憶にない
【容姿】首から上が抜けた姿

かわいそうな飛頭蛮の話

飛頭蛮は悪さをするわけではないので、見かけても放っておきたいものだが、やはり化け物なので好かれることはないようだ。

呉の時代（西暦222年〜280年）に、ある将軍が雇ったお手伝いさんが落頭民だということがわかった。落頭民とは当時の中国の南方にいるといわれた種族で、首から上を切り離して飛ぶことができたという。呼び名は違うが、飛頭蛮である。

ある夜、横に寝ていたお手伝いさんの同僚がふと目覚めると、首のない身体が横たわっている。殺人事件かと思ったものの、身体は少し冷たいが死んでいるようには見えなかった。同僚は、とりあえずその首なし人間に掛け布団をかけた。

すると夜明けに女の首が帰ってきた。だが、身体に戻ろうにも布団がかぶさっているので行き場がない。身体の上をしばらくうろうろと飛んでいたがだんだんと元気がなくなり、ぽとんと落ちて、やがて呼吸も荒くなってきた。

そこで同僚が掛け布団を外してやると、首はまた浮いて、首のつけ根にくっつくとスヤスヤ眠り始めたという。

この話を聞いた将軍は、妖怪を雇い続けるわけにはいかないので退職させた。女はどこに奉公しても、理由もわからずいつもやめさせられるのだった。

真っ赤な色の宝石を持つ小動物
カーバンクル

【別名】―
【国 地域】南アメリカ
【場所】ジャングル
【特徴】すべてが謎
【容姿】額に赤い石を持つ

火のついた石炭のような、真っ赤な石が額に埋まっている小動物。16世紀に南アメリカで目撃されているのだが、小動物であることしかわかっておらず、爬虫類か哺乳類かすらまだ不明だ。ただ、額の宝石を手に入れれば、富と幸運をつかむことができるといわれている。スペインの探検家も、1度パラグアイで目撃したそうだが、捕獲には失敗している。

89

パーティーに現れる半魚人
グレンデル

鋼のように硬い皮膚におおわれていて、強いあごは人間の骨をも簡単に噛み砕く半魚人。普段は沼の底に母親とともに棲んでいるが、パーティー会場に現れては人間を襲い、沼に持ち帰って食う。

グレンデルが沼に棲むようになったのは、文明社会から見捨てられたからだという。パーティー会場の人間を襲うのは、世間から見捨てられた恨みが原因なのかもしれない。

 ★★★

【別名】—
【国 地域】イギリス
【場所】沼　パーティー会場
【特徴】人間を食い殺す
【容姿】硬い皮膚　強いあご
　　　身長10メートル
　　　半魚人

故郷の海を思い続けるアザラシ女
セルキー

アザラシの姿だが、海から上がると皮を脱いで人間の女になることができる。深夜になると、ときおり浜辺で皮を脱いで水遊びや踊りを楽しむことがある。

このときを狙って、脱いである皮をぬすんで、セルキーが海に帰れなくなるようにした男がいる。自分の妻にするためだ。結婚して子どもできたが、結局セルキーは海に帰っていった。

★★★

- 【別名】 ―
- 【国 地域】 スコットランド
- 【場所】 海 海辺の町
- 【特徴】 人間に危害は加えない
- 【容姿】 アザラシの皮をかぶっている

鉄を食べて成長する怪物
不可殺(プルガサリ)

14世紀末の韓国にいた妖怪で、鉄を食べて成長する。とにかく、鉄という鉄を食べつくしてしまうので、国から鉄がほぼなくなってしまった。そこで退治しようとしたが、どんな手を使っても殺すことができなかったため「不可殺」という名がついたのだという。しかし、最後は尻尾に火をつけたらどこかに逃げていって、姿を見せなくなったとか。

★★★

- 【別名】―
- 【国 地域】韓国
- 【場所】町
- 【特徴】殺すことは不可能
- 【容姿】牛のようでもあり、犬のようでもある奇妙な姿

神・神獣

絶対的な能力を持っている存在。
すばらしい力を持っている特別な獣など、
人間の幸福や災いを司る20体！

- 【別名】不死鳥　ポイニクス
- 【国 地域】エジプト　ヨーロッパ　アジアなど
- 【場所】古代都市ヘリオポリス
- 【特徴】500年に1度生まれ変わる
  涙は傷を癒やす　血は不老不死の妙薬
- 【容姿】キジに似ている
  炎のような色の羽毛
  首のまわりに赤紫色の羽毛

永遠に生まれ続ける不死鳥
フェニックス

　死と再生を永遠に繰り返すため、不死の象徴となったフェニックス。その涙は傷を癒やし、血は不老不死の妙薬になるといわれているありがたい鳥だ。
　不死鳥として知られるフェニックスだが、実は死なないわけではなく、寿命は500年といわれている。1500年ほどだとか、13000年ほどだという説もある。
　死期を悟ったフェニックスは、桂皮や乳香などの香木を集めて積み上げ、火をつけると太陽の方向を見ながら翼であおぐ。あおいで大きくなった火に、自ら飛びこんで命を絶つのだ。するとその後、灰の中から新しいフェニックスが誕生するといわれている。

赤い翼で稲妻を起こす鷲
サンダーバード

　仮面やトーテムポールなどの彫刻によく見られ、色とりどりな姿で表現されるサンダーバード。正体は赤い翼をはばたかせる巨大な鷲だといわれ、現在も目撃情報がある。赤い翼をはばたかせると、雲が集まって雷雨が始まり稲妻が起きるのだ。

　起こした稲妻は蛇に姿を変えるので、サンダーバードは鋭いかぎ爪で捕まえ、地上に投げつける。これが落雷となるのだ。この霊力は夏に最大限になるそうなので、夏に落雷が多いのもうなずける。

　凶暴なクジラが海を荒らして人々を困らせていたとき、サンダーバードは上空からクジラにつかみかかり、戦いの末に空に持ち上げて海に落として退治したという伝説がある。

★★★

- 【別名】　―
- 【国 地域】　アメリカ北部　カナダ
- 【場所】　空　地上
- 【特徴】　稲妻や雷雨を起こす
  　　　　　クジラを海から引き上げるほどの怪力
- 【容姿】　翼を広げると3〜4メートル
  　　　　　色とりどりの羽毛

怪鳥は神に近い存在

　鳥のモンスターたちは皆、人に恵みをもたらしたりなど、どこか神々しいものが多い。鳥は空を飛ぶという特徴から、天上に近い生き物＝神獣となったのかもしれない。

　身体が大きければ大きいほど、地上に棲むところはなくなるのだから、棲処は天へと近づいていく。ロック鳥（65ページ）は35メートル以上。このサイズでは棲める場所など地上にはそうそうないだろう。鳳凰（130ページ）は7メートルほど、フェニックス（94ページ）は4メートルほどと、ほかの鳥も大きめだ。

　とりわけ大きい鳥に、ヘブライ神話の「ジズ」という怪鳥がいる。天空の王とされ、その大きさは地上にいても頭は天の上に届くほど。さらに、翼を広げれば太陽を隠せるというスケールの大きさだ。

　ジズはフェニックス（94ページ）のように再生を繰り返すのではなく、完全に死なない鳥で、ずっと存在し続ける。性格はおだやかで慈悲深く、小鳥たちの守護神をつとめている。爪やくちばしは小鳥を守るためだけに使うというのだ。

　基本的にはほかの生き物すべてにやさしいジズ。小鳥をいじめるものは許さないが、ジズの慈愛はすべての生き物に向けられている。まさに神獣と呼ぶにふさわしい怪鳥だ。

空を駆ける美しき天馬

ペガサス

背中に翼があり、天空を駆ける美しい馬。だれもが知っている美しい幻獣だが、ペガサスには意外な秘密がある。彼の父親はポセイドン（102ページ）、母親は怪物メデューサ（50ページ）なのだ。メデューサがペルセウスに退治されるとき（52ページ）、首を切られて血がしたたり落ちた。この血からペガサスは生まれたのだ。

★★★

【別名】ペガスス　ペガソス
【国 地域】ギリシア
【場所】天空
【特徴】天を駆ける
【容姿】翼を持つ馬

★★★
【別名】ー
【国 地域】中国
【場所】空　地上
【特徴】寿命は2000年
　　　　生き物を殺さないように
　　　　少しだけ地面から浮いている
【容姿】身体は鹿　尾は牛
　　　　蹄は馬　顔は龍　角は1本
　　　　腹部は5色に輝く

聖人出現の前に現れる神獣

麒麟(きりん)

中国で聖人が出現する前に姿を見せるという縁起のいい獣で、動物園にいる首の長いキリンとは別もの。身体は鹿のようで、顔は龍のよう。尾は牛に似ていて、蹄は馬、額は狼で、おなかあたりの毛は5色に輝いている。5色とは青・赤・白・黒・黄で、宇宙のできごとすべてをあますところなく表すとされる。
　孔子(儒教を開いた人)が誕生する前に、孔子の母親の元に姿を見せたという。また、孔子が71歳のときに麒麟の死体を見つけた。孔子が死んだのはその2年後で、麒麟は孔子の生と死を予言したということになる。

★★★

【別名】ネプチューン
　　　　ネプトゥヌス
【国 地域】ギリシア
【場所】海　地上
【特徴】水の中を海馬で駆ける
　　　　海に嵐を起こす
　　　　大地を揺らす
【容姿】筋肉のついた身体
　　　　立派なひげ

海と大地をおさめる乱暴者
ポセイドン

エーゲ海の底にある黄金の宮殿に棲んでいて、海馬（水の中を駆けることができる馬で、下半身が魚）を乗りまわす海の神。三叉の鉾がトレードマークだ。彼が海馬に乗り、鉾を振りかざすと海は嵐になる。三叉の鉾は、海陸を持ち上げたり、波を操ったり、岩をくだいたり、大地を揺らしたりすることができる。

海の生き物はみんなポセイドンを恐れていて、彼が近づくとあわててひれ伏すという。また海が荒れると困る船乗りたちは、彼に供物をささげてご機嫌をとり、安全を祈った。ポセイドンの兄は冥界の王ハデス、弟は最高神ゼウスだ。また、ポセイドンはメデューサ（52ページ）の恋人だったことがある。神なのにモンスターとつきあうツワモノだ。

今もなお生き続けるモンスター

　ギリシア神話には実に多くの神々が登場するが、個性豊かな怪物も次々と現れる。

　キメラ（11ページ）、ケルベロス（46ページ）、ヒュドラ（24ページ）などもそうだが、ともかくバラエティに富んだ性格、容姿のモンスターばかり。

　中でも最強といわれるのが100の頭を持つモンスター、テュポーンだ。その名はタイフーン（台風）の語源になったほどなので、その凶暴さが想像できる。

　テュポーンの姿は、100の蛇頭、腰から上は人間に似ていて、足はとぐろを巻く毒蛇。その上、全身に羽毛が生えているという不思議な姿で、目からは炎を放つことができる。背丈は星に届くほど、腕を広げれば世界の果てに届くほどの巨大さを誇る。

　恐ろしいのは容姿だけでない。ギリシアの神々を襲撃し、神々はエジプトまで逃げ出すという始末で、最高神ゼウスであっても一度勝負に負けているのだ。

　神々は力を合わせて怪物テュポーンを追いつめ、海上にいるところに上から島を投げつけて閉じこめた。それが現在のシチリア島だ。テュポーンは不死のため、今も生き続けて炎を放ち続けている。これが活火山のエトナ山だといわれている。

生と死をあやつる暗黒の女神
カーリー

カーリーは強い魔神が次々と襲いかかってきても、バッサバッサと倒していく強い女神で、殺戮のときに流れた血は飲みつくす。世界で暴れる魔神と戦ったときは、完全に勝利しているというのに興奮状態がおさまらず踊りを舞い続け、そのパワーで大地が割れそうになった。これを食い止めるためにシヴァ（106ページ）が彼女の足の下に潜りこんでクッションの役目をしたという。

★★★
- 【別名】鬼子母神
- 【国 地域】インド
- 【場所】地上
- 【特徴】破壊と殺戮を好む
- 【容姿】色黒　手は4本
　　　　手には槍・剣・生首を持つ
　　　　骸骨で作ったネックレス

野性的な破壊の神
シヴァ

ヒンドゥー教（インドで多くの人が信仰する民族宗教）三大神の一人で、破壊を司る神。肌は青黒く、額には第3の目を持ち、長い髪は縮れていて、三日月の形をした髪飾りをつけ、首には蛇をからませている。虎の皮を腰に巻いた格好で、三叉戟（先が3つに分かれた槍）を武器に持つ。象の姿をしたガネーシャ（114ページ）はシヴァの息子である。

破壊の神だが、目的もなく破壊するわけではない。彼は暴風雨を起こすが、嵐がおさまった後には、つくり直したり生まれ変わらせたりなど、再生させる作業を欠かさない。そうして新たな世界をつくるために、古いものを壊しているといわれている。創造のための破壊ということになるが、そんな潔いことができるのは、やはり彼が神だからだろう。

★★★

【別名】シバ　ルドラ　シャンカラ
　　　　ナーガクンダラ
　　　　ムンダーマーラー
　　　　ナタラージャ　マハーデーヴァ
　　　　イーシュヴァラ
【国 地域】インド
【場所】地上
【特徴】破壊と創造を繰り返す
【容姿】青黒い肌　縮れた長髪
　　　　額に第3の目　首に蛇
　　　　手首に数珠　頭に三日月を
　　　　つけている　腰には虎の皮を
　　　　巻く　三叉戟を持つ

破壊神シヴァが貫いた愛

　ヒンドゥー教では、世界は「創造」「維持」「破壊」を繰り返すとされている。ブラフマーが世界を創造し、ヴィシュヌが世界を維持させ、最後にシヴァが破壊するのだ。確かに、どんな物質でも生物でも、まずはつくられ（生まれ）、しばらくは維持され、いずれは壊れて消える……という流れがある。

　さて、この三大神の中でとりわけ個性的なのが破壊神のシヴァだろう。神は普通やさしくて慈悲深いものであるはずだが、シヴァは悪魔的でもあり、モンスター的でもある。

　炎や光輪を背負って激しく舞踏する姿もよく知られていて「舞踏の王」とも呼ばれる。シヴァの踏むステップは創造・維持・破壊という宇宙のリズムであり、踊りの種類は108種もある。

　また、シヴァにはパールヴァティという愛する妻がいる。パールヴァティの前世はサティという名前で、シヴァと愛しあっていたがサティの父親に反対され、嘆き悲しんだサティは自殺。シヴァは遺体を抱いて全国を放浪した。やがてシヴァは正気に戻り、ヒマラヤで修行僧となった。そこへ、身のまわりの世話をしてくれる娘パールヴァティが現れた。この娘がサティの生まれ変わりだと知ったシヴァは、以前より彼女を愛するようになり、二人は結婚したのだった。

黒い身体と神通力を持つ悪鬼

羅刹(らせつ)

人を食う鬼で、夜叉（122ページ）と並ぶ鬼神。走るのが速く、空も飛べ、怪力を持つ。男の羅刹は醜いが女の羅刹は美しいとされ、人間の男をとりこにしてはその肉を食う。女の羅刹は、人間の女が妊娠していると流産させたり死産させたりもする。10人の女の羅刹、十羅刹女がよく知られていて、彼女らもまた人間を殺害するなどの危害を加える。

★★★
- 【別名】ラークシャサ
- 【国・地域】インド　中国
- 【場所】地上　空
- 【特徴】人間の肉を食う／人間の子を死産させる
- 【容姿】黒い身体　赤い髪

恋人を誕生させる愛の神
キューピッド

　弓矢を持った天使のような姿で知られている愛の神キューピッド。矢の素材は金と鉛の2種類ある。金の矢で胸を射られると恋心が芽生え、鉛の矢だと憎しみが生まれる。これは神であっても逆らうことができない。恋心は地位や貧富などに関わらずやってきて、逃げることはできないということだろう。

　あるときキューピッドは女神の命令を受けて、人間の王女プシュケに不幸な恋をさせることになった。金の矢をプシュケに射るはずが、彼女があまりに美しかったために予想外のことが起こった。キューピッドの手元が狂ってしまったのだ。そしてキューピッドは自分を傷つけてしまい、プシュケに矢を射るどころか、自分がプシュケに恋をしてしまったのだった。

★★★
- 【別名】クピド　エロス　アモル
- 【国 地域】ギリシア　ローマ
- 【場所】人のいる場所
- 【特徴】弓矢で人に恋心を起こさせる
- 【容姿】赤ん坊の姿　背中に翼

人語を話し妖怪に詳しい知的獣
白澤

身体はずんぐりしていて人に似た顔を持ち、ひげや牙・角があり、歌舞伎役者のような髪をなびかせる。顔には3つの目、両わき腹にそれぞれ3つずつ、計9つの目を持つ。尻尾のつけ根あたりには4本の角、蹄は馬に似ている。このように姿は奇怪だが、ずば抜けて頭のよい霊獣だ。

自然界のことや人間界のこと、ひいては宇宙の仕組みまですべてを知っている上に、人語を話す。妖怪についても詳しく、11520種の妖怪について語ったとされる。その内容は絵と文に書きとめられ「白澤図」と呼ばれた。これを広く民衆に知らしめたことにより、妖怪が原因による災害を防ぐことができ、撃退にも役立ったという。

【別名】ー
【国 地域】中国
【場所】地上
【特徴】人の言葉を話す
　　　　多くの妖怪について語る
【容姿】身体はずんぐりしている
　　　　顔は人間に似ているが牙や
　　　　角がある　顔には3つの目
　　　　両わき腹に目が3つずつ
　　　　尾のあたりに角が4本

成功と幸運を授けてくれる象の頭の神
ガネーシャ

　象の頭に人間の身体、腕は左右に2本ずつ。手には貝やハスの花や楽器などを持っているが一定していない。太った腹は富と繁栄を表していて、現世利益（死んでから天国へ行くような利益ではなく、この世で利益を受けること）をもたらしてくれる。また、頭もよいので学問の神ともいわれる。

　彼は破壊神シヴァ（106ページ）とその妻パールヴァティ（108ページ）の子だ。両親は人間に近い姿をしているのに、なぜガネーシャの頭は象なのか……。いくつか説はあるのだが、シヴァが誤って息子の首をはねてしまい、かわりに据えたのが象の頭だったとか。一緒に歩いていても決して親子には見えない二人だ。

★★★

- 【別名】―
- 【国・地域】インド
- 【場所】地上
- 【特徴】生きているうちに富を授けてくれる
- 【容姿】象の頭　牙が1本折れている　太った人間の身体　腕は4本

ミイラ作りの元祖で葬儀の神
アヌビス

　アヌビスは黒いジャッカルの頭を持つ神で、ミイラ作りをしている様子が描かれた壁画が有名だ。彼はミイラ作りの元祖であり、神オシリスが殺されてバラバラの遺体になったとき、つなぎあわせてミイラの処理をした神である。この処理によりオシリスは冥界（死んだ後の世界）の王として復活することができたのだ。

　また、死者を冥界の王オシリスの元へ連れていき、心臓を天秤にかける役目を担っている。天秤の片方には死者の心臓、片方には「真実の羽根」が載せられる。この重さがつりあえば死者を死後の国へ案内するが、つりあわないとアメミットという怪物に魂を食わせてしまうのだ。

★★★

- 【別名】インプウ
- 【国・地域】エジプト
- 【場所】地上
- 【特徴】ミイラ作りの名人
- 【容姿】ジャッカルの頭
  長くて細い尻尾
  身体がジャッカルのときもある

恋多き牧場の守り神
パン

　牧場の神パンの印象は、どことなく不潔な感じのする陽気なおじさんだ。上半身は人間で毛深く、頬にひげを生やしていて、2本の角がある。下半身は山羊で蹄もある。植物の葦で作った笛を持ち歩く。

　牧場の神というと、のんびりまったりとおだやかな性格に思えるが、このパンはそうではない。昼寝を邪魔されると、人や家畜に危害を加えるという復讐をするのだ。また、獣ならではの下半身で山や森を駆けまわり、妖精や美少年に恋をしては、ふられてすねる。

　こんなパンも出生に関してはかわいそうな話がある。パンは生まれたときから角がある半獣だったので、驚いた母親はパンを放り出して逃げてしまったそうだ。

【別名】アイギパーン
【国 地域】ギリシア　ローマ
【場所】山　森
【特徴】昼寝の邪魔をすると復讐する　葦笛が得意
【容姿】上半身は人間　下半身は山羊　2本の角　頬にひげ

音楽家パンのエピソード

【パンの葦笛】

　木管楽器のパンフルートは、パンの葦笛が語源となっている。

　パンはあるとき、シュリンクスという妖精に恋をして、求愛した。しかし彼女は逃げ出してしまったため、パンは後を追った。彼女はどこまでも逃げたが、下半身が獣のパンにかなうわけはない。とうとう追いついてつかまえる直前に、シュリンクスは足元に生えていた葦に姿を変えたのだった。

　これを嘆き悲しんだパンは、その葦を折り取って笛を作った。これがパンフルートの元になったといわれている。

【アポロンと音楽勝負】

　音楽好きのギリシアの神はパンだけではない。竪琴の名手アポロンがいる。あるとき、パンは自分の笛をアポロンに聞かせ、腕を競いたいと考えた。パンの提案をアポロンも受け入れたので、音楽会が開催された。

　審査員は森の妖精や牧場の男たちと、そのとき居合わせたミダス王だった。

　演奏の結果、皆アポロンが勝ちだと判定したが、ミダス王だけがパンに票を入れた。アポロンはこれに激怒し、王の耳をロバの耳に変えてしまったのだった。ちなみに「王様の耳はロバの耳」という話はこれが元となっている。

悪夢を食べるうれしい幻獣
獏(ばく)

★★

【別名】―
【国 地域】中国　日本
【場所】寝室　地上
【特徴】人間の悪夢を食べる
　　　　金属を食べる
　　　　歯や骨が金属より硬く、
　　　　火でも焼けない
【容姿】熊に似ている　頭は小さい
　　　　足は短い　毛は短い　象の鼻
　　　　サイの目　牛の尾　虎の足

　多くの動物の特徴をあわせ持つ幻獣で、人間の悪夢を食べることで有名。動物園などにいる獏は似ているがまったく別の生き物で、夢を食べたりはしない。食べるのは夢だけではなく、金属も好物だ。そのせいか歯や骨がとても頑丈で、斧や刀で切ろうとしても刃こぼれを起こすだけ。また、糞からは刃物を作れるし、尿は鉄を溶かすという。

空中を飛行し人肉を食う鬼神
夜叉(やしゃ)

　身長は30センチメートルほどと小柄で、適当に切ったようなボサボサの髪型に、ギザギザにとがったのこぎりのような歯をしている、人型の悪鬼。羅刹（109ページ）と同レベルの悪鬼で、人間の血を吸い肉を食うが、財宝を守るという一面もある。

　ときおり人間の女を妻にすることがあり、夜叉と夫婦としてすごしたという娘の話が残っている。眠っているところをさらわれ、知らない建物に閉じこめられた。さらったのは、皮膚は藍色で赤っぽい色の髪の毛、ロバのような耳を持つ夜叉だった。夜叉はとても優しかったが、娘は家に帰りたくて泣き暮らしていた。自分の片思いがつらくなったのか、夜叉は泣いて雷雨を起こし、娘を家に送り届けたという。数年間の夫婦生活だったそうだ。

★★★

- 【別名】薬叉
- 【国 地域】中国
- 【場所】地上　町
- 【特徴】人の血を飲み肉を食う
- 【容姿】身長約30センチメートル
  のこぎりのような歯
  ボサボサ頭
  豹の毛皮のパンツ

夜叉の棲む国

　中国には、夜叉が棲む島がどこかにあり、そこに偶然漂着したという男の話が残っている。

　男の船が嵐にあい、見知らぬ島に流された。男は船をつなぐと食料だけ持って上陸。そこは洞窟がハチの巣のようにぎっしり並んでいる不思議な島だった。声がしたので洞窟をのぞくと、鋭い牙と真っ赤な目をした夜叉がいて、鹿の肉をむさぼり食っている最中だった。男はその場で夜叉につかまってしまった。

　食われると思った男は持ってきた食料を差し出すと、夜叉は大喜び。男は夜叉の島で暮らすこととなった。

　男は夜叉のメスを妻にもらい、やがて3つ子に恵まれた。子どもたちは3人とも人間の姿をしていて夜叉の面影はなかったが、島に棲む夜叉たちは子どもたちをかわいがった。

　3年経ったある日のこと、男と子どもたちが散歩をしていると、海岸に出た。するとそこには男が乗ってきた船があるではないか。

　男は人間の世界が急に懐かしくなり、居ても立ってもいられなくなった。男は、子どもたちと共に船に乗りこむとすぐに島を離れ、何日かかかって故郷にたどり着いたという。

　日本にも「鬼が島」という伝説の島がある。世界のどこかには、多くの夜叉が暮らしている島があるかもしれない。

124

世界の創造を司る老賢人
ブラフマー

★★★
- 【別名】ブラフマン　梵天
- 【国 地域】インド
- 【場所】地上
- 【特徴】万物を生み出す
- 【容姿】4つの顔　4本の手　白いひげ

世界の創造を司るといわれるブラフマー。白いひげを生やした老人で、いかにも賢そう。ブラフマーは長期間にわたる瞑想をしていて、その間に、宇宙の物質を生み出していく。口からは神々、足からは大地、目からは太陽、脇からは四季といった具合だ。形あるものだけでなく、四季という時の流れまで生み出すのは神にしかできない業だ。

繁栄と維持を司る最高神
ヴィシュヌ

　ブラフマー（125ページ）によって創られた世界を、繁栄させて維持していくのがヴィシュヌだとされる。天、空、地の3つの世界をたった3歩で踏み越えられるほどの巨大な身体をしている。瞬時に移動できるため、人々を危険から守ることができるのだ。

　世界が危機に陥ったとき、ヴィシュヌはさまざまな生き物に姿を変えて、そのピンチを救うといわれている。巨大な魚となって世界を洪水から救う、亀となって不死の薬を作り神々を救う、頭が獅子で身体が人間の獣人となって魔神を退治する、英雄となって世界に正義をもたらすなどさまざまな化身となって活躍するという。化身を「アヴァターラ」というが、ゲームなどで作る自分の分身「アバター」の語源となった言葉である。

★★★

【別名】ナーラーヤナ　マツヤ　クールマ
　　　　ヴァラーハ　ヌリシンハ
　　　　ヴァーマナ　パラシューマ　ラーマ
　　　　クリシュナ　ブッダ　カルキ
【国 地域】インド
【場所】地上
【特徴】さまざまに姿を変えて
　　　　世界を維持していく
【容姿】4本の腕があり、右の2つの手に
　　　　チャクラ（輪宝）と棍棒、左の2
　　　　つの手にほら貝と蓮華を持つ
　　　　霊鳥ガルーダを乗り物とする

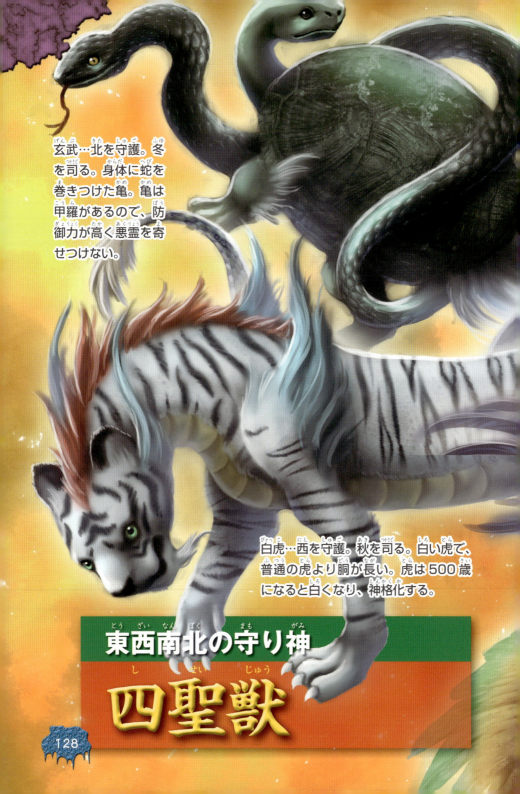

玄武…北を守護。冬を司る。身体に蛇を巻きつけた亀。亀は甲羅があるので、防御力が高く悪霊を寄せつけない。

白虎…西を守護。秋を司る。白い虎で、普通の虎より胴が長い。虎は500歳になると白くなり、神格化する。

東西南北の守り神
四聖獣

★★★

【別名】四神
【国 地域】中国
【場所】天空
【特徴】それぞれの方角を守り、災いを寄せつけない
【容姿】―

青龍…東を守護。春を司る。春分に天に昇り、秋分によどんでいる水の中に入って姿を消す。

朱雀…南を守護。夏を司る。ウズラに似た鳥で、5色に彩られていて福を招く。

四聖獣は、東西南北の各方角を司る聖獣。担当の方角を守り、災いが入りこむのを退ける。またこの四聖獣は方角を守護するだけでなく、春夏秋冬の季節も司る。

鳥類の頂点に立つ神聖な鳥
鳳凰

　世の中が平和で幸福な時代になると現れる鳥。体高は３メートルもあるので、翼を広げればかなりの大きさになることが予想される。羽は５色に輝き、鳴き声もとても美しい。竹の実を食べ、霊泉（神の力が入っている泉）の水を飲み、ほかの食べ物も飲み物も口にしない。木にとまるときも、生きた枝を折ることは絶対にしない。

　やたらと飛んだりせず静かに生きているが、ひとたび空に飛び立つとほかの鳥たちが後に続くという、鳥類の王らしいエピソードもある。よほど信頼され、尊敬されているに違いない。

　死者の魂がやってくるという崑崙山を流れる川で水浴びをし、死者の魂を迎えて天上へ運んでいく役目を持つ。

★★★
【別名】 —
【国 地域】 中国
【場所】 地上　天空　崑崙山近辺
【特徴】 死者の魂を天上に運ぶ
【容姿】 蛇の首　魚の尾
　　　　亀の背　ツバメのあご
　　　　鶏の口　5色に輝く

天空を舞い、雨を降らせる神獣の王者
龍

西洋のドラゴンもモンスター界の王者だが、似た生き物であるアジアの龍も、やはり神獣界の帝王だ。身体は9つの動物の特徴を持ちあわせていて、口元にはひげ、手には宝珠を持つ。あごの下に1枚だけ逆向きに生えている「逆鱗」という鱗があり、それに触れると龍は激怒し、相手がだれであっても咬み殺してしまう。これが「逆鱗に触れる」という言葉の語源だ。

人間の言葉を理解し、神通力で風を起こし雨を降らせる。水神でもあるので、雨乞いすると龍が雨を降らせてくれるのだ。水に棲む蛇が500年経つと蛟（角と手足のある、蛇に似た妖怪）になり、その後1000年経つと龍になるという説がある。

★★★
【別名】 ―
【国 地域】 アジア
【場所】 天空
【特徴】 雨を降らせる　風を起こす
　　　　ときには人を食い殺す
【容姿】 蛇のような全身に手足を持つ
　　　　ラクダの頭　鹿の角　鬼の目　牛の耳
　　　　蛇のうなじ　蜃もしくは大蛇の腹
　　　　鯉の鱗　鷹の爪　虎の手のひら

まだまだいる龍の仲間

【黄龍】
　黄色は皇帝の色とされ、黄龍は縁起のいい神獣。古代中国をおさめた黄帝の時代に黄河の中から出現した。また、夏王朝を作った王、禹の時代にも現れて王を助けたという。

【契兪】
　龍の頭、虎の身体、馬の尾。身体に毛の生えている獣の中では最大だといわれる。もともとは神だったが殺された後に不死の薬でよみがえり、怪物化したという。

【鳴蛇】
　翼を4枚持ち、大きな岩が転がるような声で鳴く。鳴蛇が現れると日照りが続いて水不足がやってくるという。

【蛟】
　水蛇が500年生きて龍族になったもの。体長3メートルほど。身体は蛇のように細く、鱗も小さい。まだ龍になったばかりなので、頭の角は柔らかい。手足があり、背中は青く、首は玉が入っているような白いふくらみがある。骨は青色で肉は紫色をしていて、美味だとか。

【螭】
　雨龍、螭龍とも呼ばれる。手足は3本指、体長は1〜3メートルで、赤、青、白の3色の鱗を持つ。腹には傷跡があり、これは人間の王にとらえられたときに、かんざしで刺された跡だという。

悪魔・悪霊

神に反逆したり、
腐った身体で人に襲いかかったり、
人に災いをもたらす恐怖の37体!

死後硬直のまま跳ねまわる死体
僵尸（キョンシー）

　妖怪化した、腐らない死体。人を追いかけたりさらったり食ったりするが、死後硬直（死んだ後、身体が硬くなること）のまま動くのでギクシャクしていて、高いところに上れば追ってくることはないという。身体はふっくらとしていて全身毛深い。

　ユーモラスな動きをするキョンシーが知られるが、もとは僵尸といい、非常に恐ろしい妖怪だ。熊より強い力を持ち、性格も凶暴。死体が僵尸となり、その後、空を飛ぶようになる。そうなってしまうと、高いところに逃げても追ってくるので注意が必要だ。倒すには、死体を焼くか銃で撃つこと。昼間は、棺桶の中で骨と皮だけのようなやせた身体になって隠れていて、火葬すると奇妙な声を上げるという。

【別名】キョンシー
【国・地域】中国
【場所】死体のある場所　墓場
【特徴】熊より怪力　人を食う
【容姿】ふっくらとした身体
　　　　全身毛深い
　　　　関節が曲がらない

★★★
【別名】－
【国 地域】アフリカ
【場所】町　墓場
【特徴】襲われた者もゾンビ化する
【容姿】腐った死体　生前の面影がある

腐った身体で襲いかかる
ゾンビ

　死後の腐った身体のまま歩きまわり、出会った人間に襲いかかり、エサにするゾンビ。咬みつかれた人間もゾンビになってしまう。人間の死体なので、腐ってはいても生きていた頃の面影はあるが、記憶は残っていないので、家族だろうが恋人だろうがかまわず襲う。こちらとしては、愛情を持って接すればわかってもらえるかも……などという考えがよぎるが、相手は完全にモンスター化しているのでむだである。

　退治するには火をつけたり、頭を銃で撃ち抜いたり、両足を切断したりなど追ってくることができない身体にしてしまうことが必要だ。ゾンビ化するのを避けるために、遺体を切り裂くという対策をとる地域や時代もあったという。

ゾンビの作り方

　ゾンビに咬まれるとゾンビになるという伝染病のような現象だが、いったい、ことの起こりはいつだったのだろう。だれが1体目のゾンビだったのだろう。
　1体目がだれだったのかはわからないが、もともとゾンビは儀式や魔術に使うために人間の手によって作られたものだという。
　死刑になった後の犯罪者をゾンビにしたり、生きた人間を薬で仮死状態にしてからゾンビにしたりなど、恐ろしいことが行われていた地域もあった。魔術師が、人間の魂と肉体とを分離させて、強制的に作り出した奴隷なのだ。

　ゾンビは思考能力がない上に疲れないので、仕事を与えるとよく働くという。重労働にはもってこいで、農場など働き手が見つからない場所で重宝されたという。
　「ゾンビ・パウダー」という毒薬を傷口に塗りこむと、身体に毒がまわってゾンビ化する。また、仮死状態にした人間の脳を傷つけることにより、ゾンビ化させることもあったという。
　家族が死んだ場合、墓を掘り起こしてゾンビにされないよう、埋葬して3日間ほどは昼夜問わず見張りをつけることもあったとか。死体が腐り始めたら一安心というわけだ。

フクロウの頭で未来を見通す大侯爵
アモン

★★★

【別名】アモーン
【国 地域】ヨーロッパ
【場所】地獄
【特徴】強靭な肉体を持ち、人間の感情を理解する
【容姿】狼の身体　蛇の尾
　フクロウの頭　くちばしを開くととがった歯が見える
　口から炎を吐く

　過去や未来を見通す力がある悪魔アモン。人間の感情に詳しく、けんか別れした友人との間を取り持ってくれたり、逆に仲たがいさせたりすることもある。魔神の中では最も強い肉体を持っているといわれ、詩を書く特技もあるというから、文武両道の悪魔といったところか。
　動物を合体させた姿をしているが人間に変身することもあり、その場合は胴の部分だけが人になるという。

141

首を抱えて死の予言をする
デュラハン

骨の馬車に乗る騎士で、首がない。または自分の首を小脇に抱えている。この姿で家の入り口までやってきて、泣いたりしゃべったり大きな音を出したりして、住民を玄関口まで誘導する。誘導に成功したら、たっぷりの血を住民の頭に浴びせるのだ。そうすると、この家からは近いうちに死人が出るという。

デュラハンは騎士ではなく汚いかっこうをした女の場合もあるが、どちらにしてもやってくるのは深夜だといわれるので、夜中に馬の足音が聞こえても様子を見に行かないほうがいいだろう。入り口で立てる大きな音は金属の皿をばらまいたような、ひどく騒がしい派手なものだという。この音が聞こえても、無視しよう。

★★★
【別名】首なし騎士
【国 地域】アイルランド
　　　　　イングランド
【場所】家の入り口
【特徴】住人に血を浴びせる
【容姿】骨の馬車に乗っている
　　　　黒い鎧
　　　　首がない（かかえている）

首なしでさまよう巨大な戦士
刑天(けいてん)

★★★
- 【別名】形天(けいてん)
- 【国 地域】中国(ちゅうごく)
- 【場所】戦場(せんじょう)　町(まち)
- 【特徴】自分(じぶん)の首(くび)を探(さが)している
- 【容姿】全身(ぜんしん)真(ま)っ黒(くろ)　両乳首(りょうちくび)が目(め)　へそが口(くち)　手(て)には斧(おの)と盾(たて)

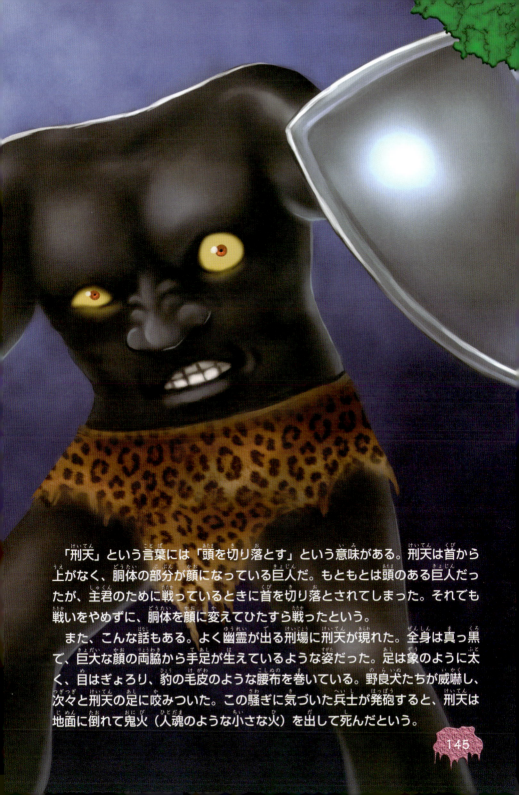

　「刑天」という言葉には「頭を切り落とす」という意味がある。刑天は首から上がなく、胴体の部分が顔になっている巨人だ。もともとは頭のある巨人だったが、主君のために戦っているときに首を切り落とされてしまった。それでも戦いをやめずに、胴体を顔に変えてひたすら戦ったという。
　また、こんな話もある。よく幽霊が出る刑場に刑天が現れた。全身は真っ黒で、巨大な顔の両脇から手足が生えているような姿だった。足は象のように太く、目はぎょろり、豹の毛皮のような腰布を巻いている。野良犬たちが威嚇し、次々と刑天の足に咬みついた。この騒ぎに気づいた兵士が発砲すると、刑天は地面に倒れて鬼火（人魂のような小さな火）を出して死んだという。

内臓を下げ翼はなくても飛びまわる
ペナンガラン

　頭の下に胃袋などの内臓をぶら下げて飛びまわる妖怪。翼はないが飛んで移動できる。顔がなく胃袋だけのときもあるというが、顔なしではゴミでも飛んでいるかように見えそうだ。好物は妊婦や子どもの血で、獲物を探して飛びまわるという。トゲのあるツル植物にひっかかるので、窓辺や入り口に植えておけば安心だ。ひっかかったペナンガランは焼いてしまうといい。

　似たような妖怪にボルネオ島のポンティアナがいる。首の下にいくつもの内臓（心臓、胃、腸などいろいろ）をぶら下げている男の妖怪で、好物は女性の血。これはいわゆる飛頭蛮（86ページ）で、朝になると元の身体に戻っている。朝までに戻らないと身体が溶けて臭い水になるという。

★★★
【別名】―
【国 地域】東南アジア
【場所】屋外
【特徴】子どもや妊婦の血を吸う
【容姿】首の下に内臓をぶら下げている

悪い子どもは逃さず誘拐
ブギーマン

　たくさんの別名がある妖精だが、やることはたった一つ。悪い子どもを連れ去るということだ。夕方遅くまで遊んでいる子、勉強しない子、なかなか寝ない子、いつまでも泣いている子、好き嫌いする子、人をいじめる子、うそをつく子、わがままを言う子……そんな子どもたちをブギーマンは見逃さないのだ。ブギーマンに見つかったり、連れて行かれたときの対処法は知られていない。連れ去られた後、どこに行くのかもわからない。ブギーマンを避けるには、悪いことをしないようにするしかないだろう。

　イギリスの一部の州ではブッカという名で呼ばれていて、白いブッカは安全で、黒いブッカが誘拐するそうだ。

- 【別名】ボーギー、ブーガー、バグベアー、ボギーマン、ボギービースト、ブーマン
- 【国 地域】イギリス　アメリカ
- 【場所】子どものいるところ
- 【特徴】悪いことをする子どもを連れ去る
- 【容姿】小さい身体　毛むくじゃら

墓地の土中に棲み死体を食う
食屍鬼(しょくしき)

★★★

- 【別名】グール　グーラー　食人鬼(しょくじんき)
- 【国　地域】ヨーロッパ
- 【場所】墓場(はかば)など
- 【特徴】人(ひと)を食(く)う
- 【容姿】女(おんな)は美女(びじょ)　男(おとこ)は醜(みにく)い

墓の土の中に棲む妖怪で、人のいない夜に姿を現しては、墓を掘り返して死体を食べる。女の食屍鬼はグーラーといい美しいことが多く、生きた男を誘惑しては食ってしまう。男の食屍鬼をグールといい、こちらは醜いという。食うのは死体だから大丈夫だと安心していてはいけない。死体ばかりではなく、人間の子どもを食うときもあるのだ。

食屍鬼の集団と出会ったという、娘のエピソードがある。墓場の横を通ると、大きな墓石の前に女が集まっていた。女たちは服を脱いでいる最中だったが、脱ぎ終わると新しい墓を選んで掘り返し、出てきた死体にかぶりついた。グーラーたちは娘に気づいたが、生きた女には興味がないのか手出しはしなかったという。

神に敵対する地獄のボス

サタン

　地獄の大王で、すべての悪魔的存在の支配者。悪魔の総称としてサタンと呼ばれることもある。もとは神に仕える身だったが、天使たちの3分の1を引き連れて神に反逆するも破れ、地上に落とされて堕天使となった。

　その姿は、新約聖書の最後に記されている「ヨハネの黙示録」によると、「全身が憤怒の炎で朱紅く燃え盛り、そのあまりに巨大な身体は太古の龍を思わせた。龍の7つの頭はそれぞれ王冠を戴き、10本の角が生えていた」とある。

　人間が罪を犯す原因は7つあるといわれ、「七つの大罪」と呼ばれる。サタンは「七つの大罪」のうち、激しい怒りの感情である「憤怒」を司っているとされる。

★★★

- 【別名】サタナイル　サタナエル
- 【国 地域】ヨーロッパ
- 【場所】地獄
- 【特徴】「七つの大罪」のうち憤怒を司る
- 【容姿】山羊の頭やコウモリの翼などさまざまにいわれるが不明

追いかけずにはいられない青白い火
ウィル・オ・ウィスプ

★★★

【別名】愚か者の火
【国 地域】世界各地
【場所】墓場 湖など
【特徴】人を沼などに導いて殺す
【容姿】青白い火であることが多い
　　　 コウモリのような翼を
　　　 持っていることもある

日本の人魂と同じようなもので、空中を飛ぶ謎の炎。後を追っていくと、底なし沼や湖などに誘導され、そのまま行方不明になってしまう。これはウィル・オ・ウィスプの仲間になったということらしい。はさみ、鉄などが魔除けになるので身につけておくといい。
　ウィルはフラフラと飛んで人に追いかけさせた後、水辺におびき寄せることに成功するとピタリと止まる。後は人間が沈んでいくのを待つばかりということだ。
　スコットランドでははっきりとしたウィルの姿が目撃されていて、白っぽいコウモリのような羽が生えていたという。これは血を吸うといわれ、ウィルに身体が触れると、やけどではなく咬まれたような傷ができるそうだ。

人間の魂の形

人間の命は「玉」に近い形をしていて、身体から離れると火を放つようなイメージがある。日本の人魂のほか、セントエルモの火（161ページ）や、ウィル・オ・ウィスプ（154ページ）などもそうだ。このような怪火はいくつも見つかる。

【ドイツの鬼火】
自殺などの不幸な死に方をした子どもの魂が鬼火となり、あちこちさまようという。
暗い場所に現れて人を沼などに誘導したり、道に迷わせたりする。ついていくのは危険だが、ごほうびを与えると道案内してくれることも。集団で現れることもあるそうだ。

【韓国の鬼火】
ある少年が馬に乗って遠出をしたときのこと。日が暮れて真っ暗な道で馬を進めていると、突然目の前が明るくなるほどの火が現れた。
その場で様子を見ていると、火はだんだん近づいてきて、少年は火に囲まれてしまった。
鬼火だと気づいた少年は、馬を走らせて逃げた。ふと振り返るとすっかり鬼火は消えて、愉快そうな笑い声と拍手の音が響いたという。

生命を持った泥人形
ゴーレム

【別名】ー
【国 地域】チェコ　スロバキア
【場所】町
【特徴】emeth（真実）と書いた紙を貼ると命が吹きこまれ、emethのeを消してmeth(死)にして壊す
【容姿】泥で作られた巨大な身体

　土で作った人形に命を吹きこんだものをゴーレムという。泥をこねて人の形を作り、呪文を唱えて「emeth（真実）」と書いた紙を人形に貼ると、生命が吹きこまれて動き出す。ゴーレムはおとなしく働いてくれるが、家から出してしまったり、夜に働かせてしまったりすると、凶暴化する。壊すときには「emeth」のeを消して「meth(死)」にしなくてはいけない。

　幽霊が乗り、幽霊が操舵している船。暗い海の沖でも幽霊船はぼんやりと光っていて、突然姿を見せたり、消したりする。アフリカの喜望峰に現れるという「フライング・ダッチマン」が、幽霊船として世界的に知られている。大きな帆を張った船で、昔遭難したのだが、今も海上をさまよっているというものだ。海の上だけでなく、現代でも突然巨大な船が空に見えることがあり、人々を驚かせるとか。
　大西洋には「船の墓場」とか「悪魔の海域」とかいわれるサルガッソ海がある。ここにはハマったら抜けれられないブラックホールのような場所があり、大昔から現在までの難破船が集まっているという。幽霊船はここから出航しているのかもしれない。

幽霊だけが乗組員のさまよう船
幽霊船

★★★

【別名】 ―
【国 地域】 世界各地
【場所】 海
【特徴】 現れた後には嵐になることが多い
【容姿】 突然現れては霧のように消える

メアリー・セレスト号事件

幽霊船の事件として有名なものに「メアリー・セレスト号」の発見がある。1872年にポルトガル沖(ジブラルタル沖という説もあり)で、全長30メートル以上もある船が、無人で発見された。

食堂には食べかけの食事がそのまま並んでいて、湯気すら立っている状態だったとか。船にトラブルがあって逃げたと考えるのが自然だが、漂流しているメアリー号は不思議な点がいくつもあった。

①甲板は少々痛んで海水が入りこんではいたが、船を捨てて脱出しなくてはいけないほどの深刻なものではなかった。

②食糧が持ち出されておらず、半年分ほどは船内に残っていた。

③少しの血痕があるだけで、ケンカや事件があったとは思えなかった。

④翌日には島に到着できるはずだったことが、航海日誌に記されていた。

⑤乗組員は行方不明のまま。

メアリー号は12年間で17回も持ち主が変わったり、死亡事故や衝突事故を起こしたりなど、呪われているような事件が相次いでいた。最後の持ち主であったパーカー船長は、保険金を手に入れるために船に火をつけて焼いたといわれている。そのときの乗組員だった2名も変死しているといううわさだ。

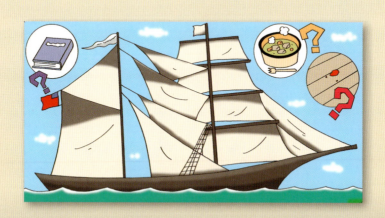

血で染めた赤い帽子

レッドキャップ

身長が50センチメートルほどの小柄な妖怪で、赤い帽子をかぶっている。かわいいイメージだが、帽子の赤は人間の血で染めたものだ。手に斧を持っていて、手当たり次第に切りつけて人間を殺す。小さいが力が強いので抵抗することはできず、また、追いかけられたら逃れることもできない。しかし、聖書を読み上げるか、十字架を見せれば助かる可能性がある。

★★★
【別名】 ―
【国 地域】 イングランド　スコットランド
【場所】 棲処の城　町
【特徴】 相手を選ばず斧で殺す
【容姿】 身長50センチメートル　赤い帽子　手に斧

傲慢の罪を犯した美しき悪魔
ルシフェル

　地獄の王ともいわれ、サタン（152ページ）よりも偉いという説や、同一とする説もある。もともと天界にいたが、神に反逆し、傲慢の罪で地獄に落とされた。

　サバト（魔女の集会）でルシフェルと会ったというスウェーデンの魔女がいる。魔女の証言によると、その日のルシフェルはグレーのシャツを着て、リボンつきの赤い半ズボンをはき、青い靴下をつけていたということだ。またふざけるのが好きな性格で、魔女のほうきを取り上げて遊んだりするそうだ。

　ルシフェルは美少年であり、怒ると顔を真っ赤にするという若者らしいかわいらしさもある。しかし、いくら美しくかわいらしいとはいえ大悪魔であることに変わりはない。

★★★
【別名】ルシファー
【国/地域】ヨーロッパ
【場所】地獄
【特徴】「七つの大罪」のうち傲慢を司る
【容姿】12枚の羽
　　　　頭に角がある。

ナイフ状のあごで人を襲う！
とがったナイフの精

　とがったナイフの精はマレーシアに現れる妖怪で、湿地によく出るというから、じめじめした場所に行くときには厳重な警戒が必要だ。なぜならこの妖怪は、出会った獲物は逃さずとらえ、刃物のようにとがったあごで切り刻んで料理して食ってしまうという恐ろしいやつなのだ。
　両手を使ってあごをさすり、常にあごナイフを磨いているので切れ味は抜群。人の足音を敏感に聞きつけて相手がだれであろうとつかまえる。料理のときは、細かく切り刻むのが好みだという。
　自分の身体が切り刻まれるのはかなりの激痛、苦痛だと思うが、この妖怪につかまると息ができなくなって、まずは死んでしまうそうだ。ナイフが刺さる前に死んでいるのだから、まだ救いがあるのかもしれない。

★★★
【別名】 ―
【国 地域】 マレーシア
【場所】 湿地
【特徴】 人をあごナイフで料理する
【容姿】 人型だが下あごがナイフ状になっている

病人の靴を食い死期を予言
靴を食う妖怪

　病人の靴を食う妖怪で、食ってもらうと病人は元気になる。しかし妖怪は靴を返しに来ることがあり、返されるとまた病人に逆戻り。のみならず、場合によっては死んでしまうこともある。人型で、色は黒く、顔は獣のよう。虎のように大きく裂けた口で靴にかぶりつき、血をしたたらせながら食いつくす。再度現れて靴を返されたときには、食われた跡などどこにもなく、破れてもいないし傷もついていないという。

　靴を返されなかったら病気は全快するのか、靴を食うという行為にどういう意味があるのかなど、なぞに包まれている。日本でも新しい靴は夜おろすと縁起が悪いというが、こういったことと何か関係があるのかもしれない。

★★★

【別名】 ―
【国 地域】 中国
【場所】 トイレ　家の中
【特徴】 靴を食う
【容姿】 がっちりとした体格
　　　　目はくぼんでいる
　　　　鼻は高くとがっている
　　　　口は大きく虎のよう
　　　　手には鳥のような鋭い爪

木の上から下りてくるガイコツ
骨食い

　人を襲って骨を食う妖怪で、口は大きく裂けていて、手には鎌を持っている。古い木の上に棲んでいて、人の気配がないときに下りてくる。
　ある中学校にはこんな話があるという。運動場に樹齢150年の巨木がある。この木の根元には押しボタンがあり、3回押すと木の上にいる骨食いが下りてくるというのだ。また、この木に骨をくくりつけておくと、きれいさっぱりなくなるという。古い木にボタンというのは違和感があるので、おそらく木の根元がコブのようにふくらんでいるのだろう。
　木は長生きすると木霊を宿すようになるというが、骨食いもその一種だろうか……。よく考えてみると枝というのは植物の骨に当たるものだし、悪霊化したらこうなるのかもしれない。

★★★
【別名】ー
【国 地域】中国
【場所】古木のあたり
【特徴】骨を食う
【容姿】人骨状　大きい口　手には鎌

フラスコの中で生きる人造人間
ホムンクルス

　スイスの※錬金術師パラケルススが、人工的に人間の生命を作ることに成功した。このとき生まれた赤ん坊がホムンクルスと呼ばれる生命体で、人間の体液、便、ハーブなどで作られている。
　ホムンクルスは、世界のこと、宇宙のことをすべて知りつくしている天才。ただし、肉体が安定していないのか、フラスコから出ると死んでしまう。

★★★
【別名】－
【国 地域】ヨーロッパ
【場所】実験室
【特徴】フラスコの中を出られない
【容姿】人間の赤ん坊

※ 錬金術…鉄などの価値の低い金属を、金や銀などの貴金属に変化させる術。金属だけでなく、世のさまざまなものを作り出す試みもなされた。

72の軍団を率いる破壊魔神
アスモデウス

破壊魔神で、地獄の72の軍団を率いている。手には軍旗と槍を持ち、いかにも戦いが好きそうだが、「七つの大罪」のうちでは色欲を司り、人間が酒や遊びで堕落するように導く。人にとりつくこともあり、若い娘サラにとりついたときには、彼女が結婚するたびに夫となった男を殺し、その人数は7人にも上った。魚の胆汁の煙で追い払えるという。

★★★

【別名】アスモダイ　アスモダイオス　アスモデ
【国・地域】ヨーロッパ
【場所】地獄
【特徴】「七つの大罪」のうち色欲を司る
【容姿】龍に乗る　3つの頭（魔神、牡羊、牡牛）を持つ
　　　　ガチョウのような足　蛇の尻尾　炎のような息
　　　　槍と軍旗を手に持つ

過去と未来を見通す地獄の大侯爵
アスタロト

きわめて醜い天使だといわれ、やせっぽちで神経質そうな男の姿が絵に残されている。
※フランソワ・ユーゴーは著作の中で「尾はレンガ色、2本の足は小さい上に極端に短くて真っ黄色。腹は黄ばんでいて、首は赤茶けた栗色、爪はハリネズミのようだ」と述べている。醜い姿で語られるアスタロトだが、地獄の大侯爵でありとても物知りで、過去と未来を知る賢者でもあるのだ。

★★★

【別名】アスタロス アシタロス アシュタロス
【国・地域】ヨーロッパ
【場所】地獄
【特徴】あらゆる学問を身につけていてどんな質問にも答えてくれる
【容姿】右手に毒蛇 龍に似た怪物に乗る やせっぽちで臭い

※フランソワ・ユーゴー…小説『レ・ミゼラブル』を書いたヴィクトル・ユーゴーの息子。

悲しげな叫びで死を予告
バンシー

家の戸口に立って、悲しげな高い声で泣き叫ぶバンシー。彼女が現れた家からは近々死者が出るとされる。白髪のような長い髪を銀色の櫛ですいていたり、もうすぐ死ぬ人間の衣服を洗ったりしているときもある。バンシーの声は窓ガラスを震わせるほど高いというから、金属音のような声なのかもしれない。死に対する恐怖を表現した声なのだろうか。

★★★
【別名】―
【国・地域】アイルランド
【場所】家の玄関
【特徴】甲高い声で泣く
【容姿】白か灰色のドレス
　　　　白髪のような淡い色の髪

霊的存在が起こす怪現象
ポルターガイスト

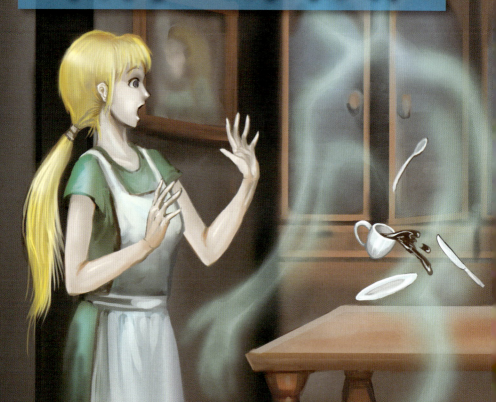

だれもいないはずの部屋で物音がしたり、足音が聞こえたり。だれも触っていないはずなのに、ものが移動していたり、ひっくり返っていたり。霊的な存在が引き起こす、怪現象をまとめてポルターガイストと呼ぶ。ポルターガイストとは「騒がしい霊」という意味で、これといった決まった現象ではない。遭遇した人は身近にもいるのではないだろうか。

★★★
- 【別名】―
- 【国・地域】世界各地
- 【場所】人間のいるところ
- 【特徴】音が聞こえたり、ものが移動したり
- 【容姿】霊なのではっきりとは見えない

人や家畜を襲うひからびた頭
アントゥ・パラ

【別名】―
【国 地域】ボルネオ
【場所】民家　家畜小屋
【特徴】家畜を食う
　　　触れた人は死ぬ
【容姿】切られた人間の頭

首を狩る種族がいたころ、切った首をさらしておくと、妖怪化して動き出したという。首はジャングルに干してあったはずなのに、村にやってきて家畜小屋を襲って鶏などを食うのだ。また、これに触れると人間は即死する。三日月や新月の夜によく現れ、ポンポンと玉のように跳ねながら近寄ってくるそうだ。退治するには呪術師による祈祷が必要。

人を襲う吸血毛玉
ウーストレル

　血を吸う妖怪もいろいろいるが、ウーストレルは毛玉の形をした吸血妖怪だ。家畜にとりついてはみぞおちから血を吸い、人間相手なら寝ているところを狙って首筋から吸う。出会った老人によると、手触りは動物の毛のようで、黒い色をしていたという。毛玉のような姿というのは、家畜小屋にいても見つからないための擬態なのかもしれない。

★★★

- 【別名】 ―
- 【国 地域】 ロシア　ポーランド　チェコ　ブルガリア
- 【場所】 屋外　家畜小屋
- 【特徴】 人間や動物の血を吸う
- 【容姿】 巨大な毛玉のよう　色は黒

煙となって体内に入りこむ
カルマ

★★★

【別名】―
【国 地域】フィンランド
【場所】寝室
【特徴】人間の肉や内臓を体内から食う
【容姿】白い煙

　寝ている人間の枕元にやってきて、鼻の穴から体内に入りこむ悪霊で、内側から内臓や肉を食いつくしてしまう。襲われた人は骨と皮だけになって死ぬ。カルマのはっきりした姿はわかっていないようだ。自分の首を引き抜いて白煙のように変身し、人の体内に入りこむというのだが、変身前はどのような姿なのか気になるところだ。

177

　池のそばで遊んでいる子どもにそっと近づいては、水中に引きずりこむ悪魔。水音もなく近づくので、手や足をつかまれるまでまったく気づくことはないだろう。
　トミーがいるのは、危険と書かれた看板が立っているような池や沼が多い。危険を知らせる看板が立っているのは、足をすべらせる可能性があるとか底が深いからとか、そういった理由ばかりではなく、トミーがいるということかも……？　いずれにせよ、近づくなと書かれている場所には近づかないほうがよいだろう。
　トミーはうそつきの子どもを骨の山に連れていくともいわれている。骨の山に連れていかれた後、どうなるかは知られていない。戻ってきた子がいないから、情報がないのかもしれない。

子どもを水の中に引きずりこむ
どくろのトミー

★★★

【別名】ロー・ヘッド・アンド・ブラディ・ボーン
【国 地域】イギリス
【場所】池など水のあるところ
【特徴】子どもを水中に引きずりこむ
骨の山に連れていく
【容姿】ガイコツ
頭に毛が生えている場合もある

影を持たない死霊犬
影なしドッグ

名前のとおり、影のない犬で、人にとりついて不幸を呼び寄せる。とりつかれた人は13回の不幸が訪れる。昼間は銀色の毛をしていて、夜になると黒い毛に変わる。明るさによって毛の色が変わるのだから、影がないことと何か関係していそうだ。霊は影がなかったり鏡に映らなかったりするものなので、影なしドッグも死霊のようなものなのだろう。

【別名】ー
【国 地域】イギリス
【場所】町　家
【特徴】光が当たっても影ができない
　　　　とりつかれると13回不幸が起こる
【容姿】昼は銀色の毛　夜は黒い毛

伝染病を連れてくる花嫁
死の乙女

- 【別名】 ―
- 【国 地域】 イギリス ドイツ
- 【場所】 町 家
- 【特徴】 伝染病を流行させる
- 【容姿】 ウェディングドレスを着ている
  馬車に乗って訪れる

彼女は白くて豪華な馬車でやってくる。白いウェディングドレスに身を包み、家々を訪れ、玄関で赤いハンカチを振るのだ。すると、その家には伝染病が発生し、助かることはない。彼女の名前は、死の乙女。とても美しい顔をしているが、本当の顔は死神なのだ。助かる方法はたった一つ、ハンカチを持つ手を切り落とすことだといわれている。

悪魔に復讐され、永遠にさまよう魂
ジャック・オ・ランタン

　ハロウィンの飾りに使うカボチャをジャック・オ・ランタンと呼ぶ。これは天国にも地獄にも行けないジャックの魂が持ち歩いている提灯だ。ジャックは怠け者だったので、悪魔に目をつけられて魂をとられそうなった。ジャックはそのとき「オレに関わるな！」とどなり散らし、悪魔を追い返した。

　その後ジャックは身体をこわして死んでしまった。天国にはもちろん入れてもらえず、地獄にも入れてもらえなかったので困っていると、悪魔が出てきてうれしそうに言った。「お前には関わらないから安心しな。」と。こうしてジャックは行き場がなくなり、永遠に地上をさまようことになったのだ。提灯は、そのとき落ちていたしおれたカブに明かりを灯したもの。それから時を経て、飾りつけには色鮮やかなカボチャが使われるようになった。

★★★
【別名】提灯ジャック
【国 地域】ヨーロッパ
【場所】地上
【特徴】さまよい歩いている
【容姿】提灯を持っている

人間を衰弱させて生き血を吸う
チョンチョン

★★★
- 【別名】－
- 【国・地域】チリ
- 【場所】家
- 【特徴】病人の体内に入りこんで血を吸う
- 【容姿】人間の顔だけで飛びまわる　耳が翼となる

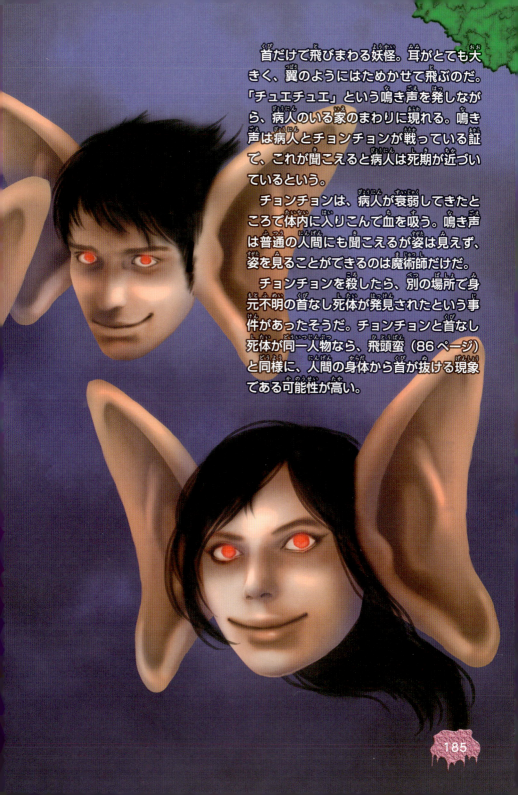

　首だけで飛びまわる妖怪。耳がとても大きく、翼のようにはためかせて飛ぶのだ。「チュエチュエ」という鳴き声を発しながら、病人のいる家のまわりに現れる。鳴き声は病人とチョンチョンが戦っている証で、これが聞こえると病人は死期が近づいているという。
　チョンチョンは、病人が衰弱してきたところで体内に入りこんで血を吸う。鳴き声は普通の人間にも聞こえるが姿は見えず、姿を見ることができるのは魔術師だけだ。
　チョンチョンを殺したら、別の場所で身元不明の首なし死体が発見されたという事件があったそうだ。チョンチョンと首なし死体が同一人物なら、飛頭蛮（86ページ）と同様に、人間の身体から首が抜ける現象である可能性が高い。

★★★

【別名】マンドレイク
【国 地域】ヨーロッパ
【場所】死刑場など
【特徴】叫び声を上げる
【容姿】根っこが人間の姿

人を殺す断末魔の声
マンドラゴラ

　根っこが人の形をしている植物で、土の中では自由に動きまわっている。妖力を持っているので、毒薬や麻酔薬のほか、魔術に使われることもある。ただ、むやみやたらに引き抜いてはいけない。引き抜くときにマンドラゴラは叫び声を上げる。これを聞くと人間も動物も命を失うのだ。
　マンドラゴラを抜くにはロープを用意して、一方をマンドラゴラに、一方を犬に結びつける。少し離れたところから耳をふさいで犬を呼び、犬が走り出した力で抜くという。豚を使って掘らせる方法もある。いずれにしても動物を犠牲にするひどいやり方である。
　ギロチンを使うような処刑場によく生え、地面に染みついた血を吸って育つ。血を吸って成長したのなら、悪霊が宿ってもなんら不思議はない。

殺人植物に要注意!

生き物を死に追いやる恐ろしい植物は、マンドラゴラ（186ページ）だけではない。うっかり近づいてしまわないように注意したいものだ。

【ジドラ】

マンドラゴラの子孫で、強靭な根を張っていて引き抜くことができない。マンドラゴラが犬に引き抜かれることが多かったので、強い根に進化させたのだろう。

とても食い意地が張っていて、手の届く範囲のものは動物でも植物でもすべて食べつくす。荒野で旅人が通るのを待っているというから、人間を食べる気も満々である。

土の上に人型の実をつけることが特徴。引き抜くことはできないが、弓矢で射ると叫び声を上げて死ぬそうだ。

【ウパス】

「ウパス」とは毒という意味で、マレー半島に生えている殺人樹だ。毒であたりの動物を殺し、植物も枯らしてしまうので、雑草も何もない広い場所に１本だけウパスが立っているという。上空を飛んだ鳥も殺してしまう。

見分けるポイントは、
① １本だけぽつんと立っている。
② まわりに雑草などが生えていない。
③ 鳥の死骸がたくさん落ちている。
……こんなところだろうか。

死体の頭を割って脳を食う
脳みそ取り

死んだ人間の頭をかち割って、中の脳みそをすすって飲むという悪趣味な妖怪。顔は犬のようで、身体は人型、歯の先はとがっている。脳みそ取りがやってくると、死体がこれに気づくらしく、起き上がったり動揺している様子を見せたりする。死者とそうでない者との区別がつかないようで、死体のそばに寝ていたりすると生きていても襲われる。

★★★

【別名】人犬
【国 地域】中国
【場所】死体のある場所
【特徴】死体の脳みそをすする
【容姿】人間の身体 獣の顔 とがった歯

とても卑しい巨大なハエ
ベルゼブブ

人間に罪を犯させる「七つの大罪」のうち、暴食を司る。権力と邪悪さではサタンに次ぐ大物だとされる。豹や牛や山羊に化けて姿を現すこともあるが、ハエの姿が一番多い。作物を荒らすハエから人間を守る力があるそうだ。怒ると炎を吐き狼のように吠えるとか、大きな角を持ち肌は黒くコウモリの翼を持つという説もあり、その姿はさまざまに語られるが、どれを見ても力強い。

★★★

【別名】ベルゼブラ　ベルゼブル
　　　　ベルゼビュート
【国・地域】ヨーロッパ
【場所】地獄
【特徴】「七つの大罪」のうち
　　　暴食を司る
【容姿】巨大なハエの姿
　　　羽にどくろの印が
　　　浮かんでいる

便器に座る創作の悪魔
ベルフェゴール

★★★

【別名】バールフェゴール
　　　　バアル・ペオル
【国 地域】ヨーロッパ
【場所】地獄
【特徴】「七つの大罪」のうち
　　　　怠惰を司る
【容姿】便器に座っている男
　　　　ねじれた牛の角
　　　　長いあごひげ　牛の尻尾

椅子式の便器に座っている悪魔で、屁の神と同一視されることもある。トイレで名案が浮かぶとはよくいわれることなので、彼が発見と創作の神だというのもここから来ているのだろうか。
　人間に富をもたらすこともあるが、人間嫌い。人間界を観察した結果、幸福な結婚生活はないと結論づけて、人間嫌いになったという。

人の肉を求める凶暴で飢えた怪物
ウェンディゴ

ガリガリにやせていて、顔色は悪くて目はガイコツのように落ちくぼみ、いつも腐敗臭がする。人食いのおぞましい怪物だが、人間がウェンディゴになってしまう場合もある。人肉を食べると、人間もウェンディゴ化し、人の血や肉ばかり求めるようになるというのだ。どれだけ飢えても、人間は共食いなどしてはいけないという戒めから生まれた妖怪かもしれない。

★★★

【別名】	ウィンディゴ　ウィティコ　イタカ
【国・地域】	アメリカ　カナダ
【場所】	人のいるところ
【特徴】	人間の血肉を食う
【容姿】	長身　肉がついてないほどやせている　灰色の顔　やつれた目　腐敗臭

地面からお宝を掘り出すケチな悪魔
マンモン

★★★

- 【別名】マモン　アマイモン
- 【国・地域】ヨーロッパ
- 【場所】地獄
- 【特徴】「七つの大罪」のうち強欲を司る
- 【容姿】いつもうつむいて宝が落ちていないか探している

土中に埋まっている財宝を掘り出すことを人間に教えた悪魔で、金が大好きで財宝以外に興味を示さない。天界でもいつも宝を探していて、サタン（152ページ）と共に神にたてついて地獄に落とされたときも、地下には多くの宝が眠っていると気づき、大いに喜んだ。地獄の宮殿パンデモニウムの建設には、マンモンが掘り当てた金塊が使われている。

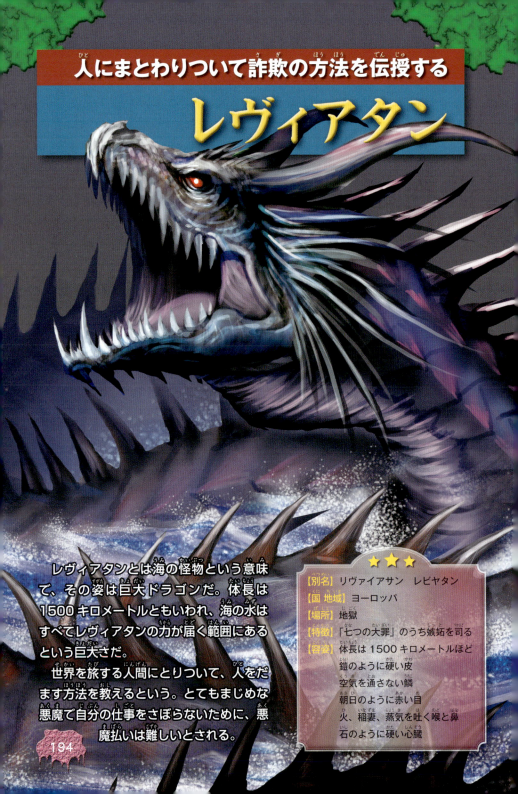

人にまとわりついて詐欺の方法を伝授する
レヴィアタン

レヴィアタンとは海の怪物という意味で、その姿は巨大ドラゴンだ。体長は1500キロメートルともいわれ、海の水はすべてレヴィアタンの力が届く範囲にあるという巨大さだ。
世界を旅する人間にとりついて、人をだます方法を教えるという。とてもまじめな悪魔で自分の仕事をさぼらないために、悪魔払いは難しいとされる。

★★★

- 【別名】リヴァイアサン　レビヤタン
- 【国 地域】ヨーロッパ
- 【場所】地獄
- 【特徴】「七つの大罪」のうち嫉妬を司る
- 【容姿】体長は1500キロメートルほど
  鎧のように硬い皮
  空気を通さない鱗
  朝日のように赤い目
  火、稲妻、蒸気を吐く喉と鼻
  石のように硬い心臓

妖精・精霊

ちょっといたずら好きだがすごい能力の持ち主。
超自然的な存在で人間からは
崇拝されたり恐れられたりする25体！

　物語によって性質が違い、邪悪で人間を食う巨人だったり、人間に近寄らずに地下で静かに暮らしていたりする。いずれの場合でも身体は大きめで、毛深く、顔は醜く、頭はよくないという部分は共通している。そのほか、長い腕、曲がった背中、大きすぎる耳……など、あらゆる醜い表現がなされ、気の毒なほどだ。

　しかし、長所もたくさんある。未来を見通す魔法が使える。魔法で自分を好きな姿に変えることができる。山に棲んでいるためか、金や水晶などの財宝を持っている。金でできた宮殿に棲んでいるという説も。

　夜行性で日光が苦手。太陽光に当たると身体が石になる。もともとは巨人だったが、時代と共に身体が小さくなってきているという。

魔法を使う醜い巨人
トロール

★★★

- 【別名】—
- 【国 地域】北欧
- 【場所】山 森
- 【特徴】日光が苦手　頭はよくない
- 【容姿】身長6メートルほど
  毛深い　顔は醜い
  目が大きい

火の中を自由に動く精霊
サラマンダー

★★★

- 【別名】 —
- 【国 地域】 ヨーロッパ
- 【場所】 地上
- 【特徴】 火を食べる　火から生まれた
  血に妖力がある
- 【容姿】 全長30センチメートル
  細い身体　赤い肌
  トカゲに似ている

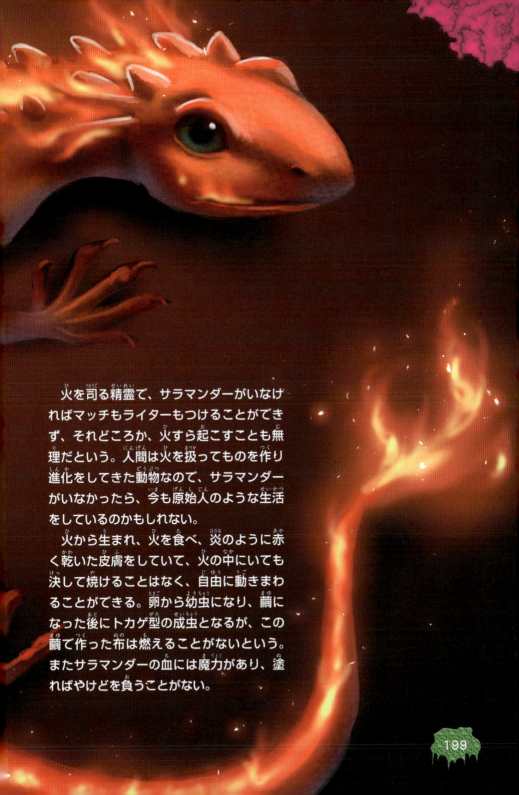

　火を司る精霊で、サラマンダーがいなければマッチもライターもつけることができず、それどころか、火すら起こすことも無理だという。人間は火を扱ってものを作り進化をしてきた動物なので、サラマンダーがいなかったら、今も原始人のような生活をしているのかもしれない。
　火から生まれ、火を食べ、炎のように赤く乾いた皮膚をしていて、火の中にいても決して焼けることはなく、自由に動きまわることができる。卵から幼虫になり、繭になった後にトカゲ型の成虫となるが、この繭で作った布は燃えることがないという。またサラマンダーの血には魔力があり、塗ればやけどを負うことがない。

空気・地・火・水を司る四大精霊

スイスの錬金術師パラケルススは、自然を構成する元となるものを「空気」「地」「火」「水」の4つに分類した。さらに、この4つを守るために神は四精霊を作ったと考えた。これが四大精霊だ。

【空気の精霊シルフ】
シルフは空気と風の精霊。美しくしなやかな身体を持ち、人間の女より少し小柄。山の頂上に棲み、空を飛ぶが、姿を消すことができるので目撃されることはまずないという。
姿を消してこっそり人間に近づいては、耳元で何かささやいたり、服のすそを引っ張ったりという、罪のないイタズラをする。

雪の結晶をデザインしたり、雲を集めたりするのが仕事だというから、芸術家のようだ。

【地の精霊ノーム】
211ページのとおり。

【火の精霊サラマンダー】
198ページのとおり。

【水の精霊ウンディーネ】
森の泉や小川などに棲んでいる。美しい女の姿をしているが、魚や蛇に姿を変えているときもある。肌はひんやりとして柔らかく透きとおり、声は水の流れのように美しい。人間の男と結婚することがあるが、夫がほかの女性と仲良くすることは絶対に許さず、呪い殺すほどだ。

馬と子どもが好きないたずら妖精
ゴブリン

　広い地域に出没し国によって呼び方は違うが、家に棲みつく妖精で小柄で醜いことが特徴。人を不幸におとしいれるほどの邪悪さはなく、人をからかったり驚かせたりして喜ぶいたずらっ子だ。馬と子どもが好きで、世話をしてくれるという意外な面もある。狭いところが好きなようで、岩の割れ目や、木の根のすき間などにも棲んでいる。

★★★
- 【別名】コブラナイ
- 【国 地域】ヨーロッパ
- 【場所】家　狭いところ
- 【特徴】笑うとミルクがすっぱくなる
- 【容姿】小さい身体　とがった耳　つり上がった目

ランプから登場する精霊
ジン

　『アラジンと魔法のランプ』に出てくるランプの精が有名。人型で男性というイメージが強いが女性の場合もあり、姿も大きさもいろいろで決まったものはない。
　性格の傾向性もなく、まじめで人なつこいものから、凶悪なものまでいる。ランプから解放してくれた人間の願いをかなえるというが、悪いジンだとかなえてくれないこともあるそうだ。願いの数は決められているので、後悔のないよう、じっくり考えて願いたいところだ。
　『アラジンと魔法のランプ』では、アラジンが魔法使いに頼まれてランプを洞窟から取ってくる。このランプをこするとジンが現れるという設定だ。

★★★
【別名】ランプの精　ジーニー
【国 地域】アジア
【場所】地上
【特徴】解放してくれた人間の
　　　　願いをかなえる
【容姿】大きさも姿も自由自在

陽気で賢いメカニック
グレムリン

グレムリンの最初の目撃は第一次世界大戦のときだった。イギリス空軍の飛行機の中に頻繁に現れるようになったことが最初だったといわれる。明るい性格で頭がよく、機械を直すのが得意。好物のチューインガムを調子の悪い機械のそばに置いておくと、直しておいてくれる。賢いだけでなく、犬に似ていてブーツをはいているという愛らしい妖怪だ。

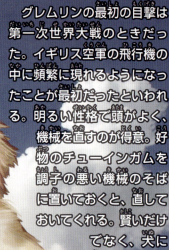

★★★
- 【別名】—
- 【国 地域】世界各地
- 【場所】機械のそば
- 【特徴】チューインガムの報酬で機械を直してくれる
- 【容姿】犬に似ている　鋭いキバ
2本足で立つ
ブーツをはいている
15センチメートル以下

死んだ戦士の魂を導く守り神
ヴァルキリー

★★★

- 【別名】ヴァルキューレ
  ヴァルキュリア
  ヴァルキューリ
- 【国・地域】北欧
- 【場所】戦場
- 【特徴】戦場を走りまわり、戦死した者を見定める
- 【容姿】鎧に剣など戦装束 馬に乗っている

戦場で戦死すべき者を選び、戦死者のうち、勇敢な戦士の集まる館「ヴァルハラ」に連れていく者を決定する役目をしている。もともとは人を死に追いやる魔女で、趣味は虐殺、好物は人間の死体という恐ろしい存在だった。時代が変わり女神のような位置づけになったが、それでもやはり、戦死者を選ぶという血生臭い役割を果たしているのだ。

よく働く茶色い妖精
ブラウニー

ブラウンの服に身を包んでいるので、ブラウニーと呼ばれている。人間の家に棲みつき、人が寝静まった後に掃除をしたり料理をしたりと、家事を手伝ってくれる。デリケートな性格なので、仕事は絶対にけなしてはならない。けなすと、やったことを元通りにしてから家を出ていってしまう。仕事のお礼は1杯のおかゆか、1切れのパンがいいという。

★★★
【別名】 ―
【国・地域】 イングランド
　　　　　　スコットランド
【場所】 民家
【特徴】 見つからないように人間の
　　　　仕事を手伝う
【容姿】 小柄な人型　しわだらけの顔
　　　　茶色の服　茶色の帽子

迷惑行為ばかり繰り返す毛むくじゃら
ボガート

ボガートは家に棲みつく悪霊で、家のカギを隠したり、料理をまずい味に変えたり、犬の足を悪くしたりする。寝ている最中にいたずらをするのも好きで、布団をはぎとったり冷たい手で顔に触れたりして、人を怖がらせては喜ぶ。ボガートは臭いので、家にいれば気づくだろう。引っ越してもついてくるが、玄関に馬の蹄を置いておくと逃げていく。

★★★

【別名】古城の幽霊
【国・地域】イギリス
【場所】家
【特徴】物をなくす　食べ物をまずくする
　　　　動物の足にいたずらする
　　　　布団をはぎとる
　　　　冷たい手で人の顔に触る
【容姿】ずんぐりした体形
　　　　毛むくじゃら　臭い

義理がたい妖精の得意技は変身術
プーカ

普段は子どもの姿をしているが、どんな生き物にも変身可能。人から親切にされると、必ず恩返しをしなくては気のすまないまじめな性格。1着の服をプレゼントしただけなのに、大勢のプーカが押し寄せて、仕事を手伝ってくれたという話が残っている。だが、人殺しやいたずらも好きという面もあるので、完全に信用するのは危険だろう。

★★★
- 【別名】 ―
- 【国 地域】 アイルランド
- 【場所】 家　自然の多い場所
- 【特徴】 どんな姿にも変身できる
- 【容姿】 普段は人間の子どもの姿　左右の手の大きさが違う

おとなしく信仰心のない聖職者
海僧正

　海僧正は、沖で見つかることがある奇妙な生き物だ。顔は人間の男で、尻尾のようなものや、イカの足のようなものがある。身体にはキリスト教の聖職者が着る法衣のようなものをまとっている。まったく凶暴性はなく、言葉もしゃべらず、食事を与えるとよく食べる。このような格好をしていても信仰心はなく、教会へ連れていっても無反応だったという。

★★★

- 【別名】海の司教　海の聖職者　僧魚
- 【国・地域】ノルウェー
- 【場所】海
- 【特徴】しゃべらない　凶暴性はない
  よく食べる
- 【容姿】頭のはげた人間の顔
  法衣のようなものを着ている
  尻尾やイカの足のようなものがある
  40～50センチメートル

棲みついた家を繁栄に導く
コボルト

　ドイツの座敷わらし的存在で、コボルトの棲んでいる家は美しくなり繁栄する。また、人間の食事を取り分けて置いておくだけでとても喜び、家の者が寝ている間に掃除・炊事・洗濯などすべてやってくれる。

　家でだれかが死ぬと、魂が残ってコボルトになることがあるという。死後も家族に関わっていたいという思いが、コボルトにさせるのだろうか。

★★★
- 【別名】コーボルト
- 【国 地域】ドイツ
- 【場所】家の中
- 【特徴】幸運を運んでくる
　　　　棲みついた家は美しくなる
- 【容姿】しわくちゃ顔　小柄　老人

思慮深い地の精霊
ノーム

【別名】—
【国・地域】ヨーロッパ
【場所】森　土の中
【特徴】地下の財宝を守っている
【容姿】身長30〜40センチメートル
　　　　男の老人　白くて長いひげ
　　　　ぽっこりおなか　三角帽

四大精霊（200ページ）のうち、地を司る精霊。ずんぐりとした小さい身体に、緑色や黄土色の洋服を着ている。地下の宮殿に棲み、地中に埋まっている金や銀や宝石などを守る仕事をし、また掘り出すことも仕事の一つとしている。人なつこいが、信用できない人間とは距離を置いたり、意地悪もする。

人間嫌いの水の妖怪
ヴォジャノーイ

　日本の河童に近いような妖怪で、湖や池や川に棲む。水の底にヴォジャノーイ王国があり水晶の宮殿が建っていて、沈んだ船などから運び出した金銀宝石が、まぶしいばかりに輝いているという。
　この妖怪は不死で、月の満ち欠けにあわせて姿をコロコロと変えるという。若い女の姿をしていたと思ったら、老人になったり魚になったりで、なかなかヴォジャノーイだと気づくことはできない。そして、ここが人間にとって危険な点となる。ヴォジャノーイは人間嫌いで、すきを狙っては人間をつかまえて水中に引きずりこもうとしているのだ。つかまったら逃れられず、召使いとしてこき使われるという。

★★★
【別名】―
【国地域】ロシア
【場所】水辺
【特徴】人間を水中に引きずりこむ
【容姿】カエルの怪物になったり、緑色の毛をした老人になったりなど定まっていない

小屋におびき寄せた子どもを食う魔女
バーバ・ヤーガ

　ぎょろっと飛び出た目で、見た者を石に変える。人食いの恐ろしい魔女だが、棲んでいる小屋が実にユーモラス。樺の森の中にある鶏の足がついた小屋なのだ。窓は目のようで、鍵穴には歯が生え、柵は人の骨で、頭蓋骨が飾られている。まるで何かのショップかテーマパークのようである。ちなみにこの小屋は、鶏の足で歩いて移動することができる。

　魔女だが乗り物はホウキではなく、臼（釜という説もある）だ。臼に乗って杵で宙をこいで移動する。飛びながら火を吹くホウキを使うと、もっと速く移動できる。住居も乗り物も行動も、最高に個性豊かな魔女である。

★★★

- 【別名】バーバ・ヤガー　ババ・ヤガ
- 【国 地域】ロシア　東欧
- 【場所】森
- 【特徴】見た者を石にする　子どもを食う
- 【容姿】しわくちゃの老婆　長い鼻　飛び出た目　火を吹くホウキを持つ

おとぎ話の中のバーバ・ヤーガ

　バーバ・ヤーガはユーモラスで個性的なキャラクターのためか、おとぎ話でも大活躍する。バーバ・ヤーガが出てくる有名な話に、グリム童話の『ヘンゼルとグレーテル』がある。

　兄のヘンゼルと妹のグレーテルが森で迷子になり、お菓子でできた家を見つける。屋根が板チョコ、壁がカステラとビスケット、窓ガラスがキャンディの家だ。

　おなかがすいていた二人は、お菓子の家をバリバリムシャムシャ。住人のお婆さんは怒るどころか、二人を家の中に招き入れて歓迎し、さらにごちそうをふるまった。このお婆さんが、魔女バーバ・ヤーガだといわれている。

　油断した二人はとらえられてしまう。グレーテルは召使いのようにこき使われ、ヘンゼルはひたすら食事を与えられた。太らせた後、魔女が食べるためだった。

　何日か経って、とうとう二人を食べる日がやってきた。魔女は火を起こして子どもたちを料理するつもりだったが、二人は知恵を働かせて逃げ、代わりに魔女がかまどの中で焼かれる羽目となった。

　そうして二人はお宝をたっぷり持って、魔女の家から逃げ出すことができたのだった。

手足が8本ある咬みつき毒虫
ドクシー

★★★
- 【別名】 ―
- 【国 地域】 ヨーロッパ
- 【場所】 人のいるところ
- 【特徴】 地獄の魔王のもとへ人を連れていく
- 【容姿】 手が4本 足が4本 背中にはカブトムシのような羽 毛むくじゃら

　手と足がそれぞれ4本、背中にカブトムシのような羽、全身毛むくじゃらの妖精。妖精とはいえ、見た目は毒虫のよう。咬みつく上に歯に毒があるというから、性質も毒虫のようだ。地獄の魔王のところに人間を連れていくのがドクシーの仕事。そのため、人々に悪い心を植えつけたり、自殺に追いこんだりして、地獄行きの人間を増やしている悪いヤツだ。

いつまでも起きている子の目を狙う
砂男(すなおとこ)

　夜になってもなかなか寝ない子のところにやってくる妖怪。まるでサンタクロースのように、砂の入った袋をかついでくる。砂を何に使うのかというと、その子の目に入れるのだ。砂男はいつまでも眠らない子の目に砂を入れにやってくる妖怪なのだ。

　砂を注ぎこまれてもまだ起きていると、まぶたを咬んだり、上に座ったりもするらしい。しかし、砂を入れられた時点で抵抗する気は起きなくなるはずだ。なぜなら、砂を入れられた目は顔からコロリとはなれて床に落ちるのだ。落ちた目玉は砂男が自分の子どもに食べさせるために持って帰ってしまうという。予防策は早く寝ることだけだ。布団に入ったらさっさと目を閉じてしまおう。

★★★

【別名】眠りの精
【国 地域】イギリス　ドイツ
【場所】寝室
【特徴】目の中に砂を入れてくる
【容姿】砂の入った袋をかついでいる

正義感にあふれた世界一有名なこびと
ドワーフ

グリム童話の『白雪姫』に出てくる7人のこびとたちは、このドワーフだといわれている。筋肉質で小柄だけれど力持ち。立派なひげを生やしていて、性格はまじめで頑固者。なるほど、白雪姫を守るにはぴったりのキャラクターだ。彼らはひげを誇りに思っていて、けなす者には戦争をしかけることもある。手先が器用で、武器や装飾品を美しく作り上げる。

★★★
- 【別名】 －
- 【国 地域】 ヨーロッパ
- 【場所】 森　洞穴　高山
- 【特徴】 魔法で消えることができる
　　　　土の中を自由に動きまわる
- 【容姿】 身長100～150センチメートル
　　　　筋肉質　立派なひげ

夜中に虫歯を触りに来る！
歯痛殿下

昼間は痛くなかったのに、「夜中になったら急に虫歯が痛み出した!!」という経験のある人も多いことだろう。これは歯痛殿下が、指先でチリチリと触っているせいなのだ。殿下に触られると、痛みは全身を突き抜けて飛び起きずにはいられない。目を覚ましても、殿下の姿は目に見えない。触られないようにするには歯磨きで予防するしかなさそうだ。

★★

- 【別名】 —
- 【国 地域】 ベルギー
- 【場所】 寝室
- 【特徴】 指先には小さな電気が走る
- 【容姿】 目に見えない

足音を立ててついてくる謎の犬
パッドフット

パタパタと足音を立てながら人の後をついて歩く、犬に似た白い生き物。後ろをついてくるからといって、襲ってくるわけではない。後をついてくるだけだ。普通、犬の足音はヒタヒタ、爪がカチカチくらいではないだろうか。パタパタという大きな足音は、犬ではなく妖怪ならではのものかもしれない。

【別名】 ―
【国 地域】 イギリス
【場所】 田園地帯
【特徴】 足音を立てる
【容姿】 白い犬に似ている

悪い子には「冷たい死」をプレゼント

ファザーフロスト

　サンタクロースの子孫だともいわれ、サンタクロースのようにそりに乗って、子どもたちにプレゼントを配る。しかしサンタクロースと違うのは、ファザーフロストは悪い子にもプレゼントを贈ることだ。吹雪のように冷たい腕で、悪い子を抱きしめ「冷たい死」という贈り物をする。ファザーフロストが家々をまわるのは、クリスマスでなく、元日だという。

★★★
【別名】―
【国 地域】世界各地
【場所】森　家
【特徴】抱きしめた者を凍死させる
【容姿】長いあごひげ　長身　白い毛皮
サンタクロースに似ている
トナカイのそり

手も足も目も1つ
ファハン

スコットランドはかわいい妖精が多いイメージだが、例外もあるようだ。ファハンは顔の真ん中にとても大きな目玉が1つだけあり、腰から下には1本の足が生えている。傘お化けの傘を取ってしまったような格好だ。そして、胸のあたりから1本だけ前向きに腕が生えている。性格は暗く、乱暴者だというが、どんな悪さをするのかは不明だ。

★★★
- 【別名】ジイリッハ
- 【国・地域】スコットランド
- 【場所】高地
- 【特徴】暗い性格　行動は野蛮
- 【容姿】手が1本　足が1本　目が1つ

決して死なない頭だけの男
緑の男

★★★
【別名】 —
【国 地域】 古代ヨーロッパ
【場所】 森
【特徴】 不死身
【容姿】 ひげを伸ばした男の頭
　　　　髪には緑の葉やツタが
　　　　混じっている

頭だけの男で、森の守護神。森に棲む者らしく、ひげは伸ばし放題、髪もぼさぼさで葉やツタが茂っている。森は、冬は枯れるが春になれば命が躍動する、不死の生命体だ。緑の男が頭だけで生きているのは、不死の森を身体で表したものだという。緑豊かな森は命を育む慈愛に満ちた場所だ。緑の男も森のように慈愛に満ちた存在なのだろう。

天才的な芸術家を作る
リャナンシー

芸術面で天才的な能力を与えてくれるのがリャナンシーだ。しかし、ただではない。魂を吸い取られるのだ。才能と引きかえに早死にしてしまうということになる。

リャナンシーに能力を授けられた、エディンという詩の精霊がいる。エディンは生命力のあふれた言葉や詩的な表現で、アイルランドの国王を励まし国を救ったという話が残っている。

★★★

- 【別名】ラナンシー　ラナウン・シー
- 【国地域】アイルランド
- 【場所】緑の丘
- 【特徴】才能を与えて魂を吸い取る
- 【容姿】背中に蝶のような羽を持つ美しい女

航海を守ってくれる青白い光
セントエルモの火

★★★
【別名】－
【国・地域】ヨーロッパ
【場所】船の上
【特徴】シューシュー、パチパチといった燃えているような音がする
【容姿】青白い光

天候が悪いとき、帆船のマストの先などに現れる青白い火で、嵐をしずめて航海を無事故に導くとされる。船上だけでなく、地上に現れることもある。雷雨や大雪などの荒れた天候の日に、建物の先端にセントエルモの火が灯る。山の頂上にある建物の先や、人間の指先などにも続々と灯り、それは美しい光景を見せてくれるそうだ。

頑固で腕のいい靴職人
レプラコーン

靴を作ったり修理したりして金を稼いでいて、とても裕福で、財宝の入った壺をいくつも隠し持っているという。革の前掛け姿に、手に小槌を持っているときは仕事中。愛想が悪く、孤独を好むという、昔ながらの頑固職人だとか。

グリム童話の『こびとの靴屋』に出てくる小さな靴職人は、レプラコーンだといわれている。

★★★
【別名】—
【国・地域】アイルランド
【場所】家
【特徴】靴を作って金を稼いでいる
【容姿】身長1メートル　老人　緑の服　銀のバックルのついた靴　山高帽

中国の付喪神

　日本では長く道具を使うと魂が宿るとされ、妖怪化した道具は「付喪神」と呼ばれる。
　道具に魂が宿るのは日本だけではない。中国にも、妖怪化した道具の話があるのだ。

【古いほうきが化けた話】
　生まれて間もない赤ん坊が、寺に捨てられていた。これに気づいた僧侶が、赤ん坊を抱き上げて、そでにくるんだ。
　僧侶は、村人に赤ん坊の世話を頼むつもりで村に向かったが、5～6里も進むと、そでの中が急に軽くなった。
　僧侶がそでの中を探ると、そこには赤ん坊はなく、使い古された1本のほうきが入っていたという。

【酒の甕が化けた話】
　酒好きな酒屋の店主が一人で酒を飲んでいると、見知らぬ大男がやってきた。大男も酒好きだったので、二人で酒盛りを始めた。
　なかなか酔わない二人だったが、飲んで飲んで飲み続けたので、とうとう大男の酔いがまわってきた。
　大男がふらふらと立ち上がって外に出た直後、ガッシャーンと何かが割れる音がした。
　大男の姿は消え、地面には砕け散った古くて大きな酒の甕があるだけだったという。

猫の妖怪

日本には「猫又」など、有名な猫の妖怪がいるが、海外にも猫の妖怪はたくさん見られる。

【アダンダラ】

アフリカのジャングルに棲むモンスター。身体は明るい毛色をしていて、目はキラキラと輝いている。夜になると甲高い声で鳴くそうだ。明るい毛色というのがどんな色かわからないので、見分けることは難しいかもしれない。

アダンダラと出会った人間の男は命を落とすといわれている。

【キャット・シー】

イギリス、スコットランドに出る妖怪で、人の言葉を理解し、自らも言葉を話す。身体は大きく、牛ほどあるものもいる。いつも毛を逆立てて背中を丸め、威嚇のポーズをしている。

いじめたり怒らせたりすると、どこかにあるという猫の王国に連れ去ってしまうらしい。連れていった後はどうなるのか不明だ。

【金華の猫】

中国の妖怪。月に向かって口を開け、「月の精」を吸いこんで生きている。人間の飲み水の中に小便をして、人を病気にする。金華の猫の小便を飲むと、猫の姿が見えなくなり、たちまち衰弱してしまうのだ。

外国版百鬼夜行 ワイルドハントほか

ハロウィンの夜、角笛の音、猟犬の声、馬の駆ける足音……こんな音で騒がしくなってきたら、急いで家の中に入って隠れていたほうがいい。これは「ワイルドハント（幽霊狩猟）」と呼ばれる、集団霊の行列だからだ。

北欧神話の主神オーディンと狩人のハーンが率いていて、黒い猟犬や悪霊たちが列をなす。ただ練り歩くだけではない。狩りに来たのだ。

ターゲットは、弱くてとらえやすい人間の子どもと女、精霊たち。悪霊たちは獲物をわしづかみにすると、次々と地獄へ送っていく。

1960年にイギリスでワイルドハントが現れ、死者が出たという話だ。

中国では盂蘭盆（先祖の霊を供養する行事）になると百種類の鬼が1か所に集まって、パレードを行う。百種類の鬼には、こんな種類のものがいるらしい。

●黒面鬼…スミを塗ったように真っ黒な顔。歯をむき出しにしている。
●大頭鬼…頭だけ異様に大きい鬼。
●地方鬼…土地にまつわる鬼で、背が高く白衣を着ている。

ヨーロッパの鬼の行列「ハールシンギ」、スペインの死者の行列「グェスティア」などもよく知られている。

妖怪がよく出る場所

妖怪は、出やすい場所や条件というものがある。どういうところが出やすく、危険なのだろうか。

【水辺】
水にひそむ妖怪は非常に多く、そばに近寄ると引きこまれることが多い。水が濁っていて、水中がよく見えない池や沼などは、特に注意が必要。

【山道】
人の行き来が少ない山道は、襲われやすい。危険を避けるために、なるべく人と行動しよう。

【暗い場所】
道でも家の中でも、暗い場所は危険。妖怪は明るい場所が苦手なのだ。

【十字路】
大きな十字路には「迷わせ妖怪」が出ることがあり、出会うと道に迷う。また、十字路は現実世界と死の世界が交差している場所なので、悪魔や死霊と出会うことも多い。

【長い一本道】
蛇の妖怪が棲みつきやすい。また、狭い道も危険。目には見えなくても、妖怪が道をふさいでいることも。

【草がない、動物が死んでいる】
毒を出す植物や動物が近くにいるかも。急いで離れよう。

畑に棲みつく珍しい妖怪

日本には泥田坊という、田んぼに棲みつく妖怪がいるが、海外にも田んぼや畑に棲息する妖怪がいる。収穫時期だけにしか姿を見せないことも多い。

【ポーレヴィキ】
ロシアの農場に出没。髪の毛は草でできていて、身長は伸縮自在。

まじめな性格で、不まじめな者を許さない。農作業をさぼる者を見つけると襲撃し、命を奪うこともある。

【麦狼】
ドイツの小麦畑に出る。収穫直前の畑に現れて走りまわるが、収穫が終わった場所では走らない。

収穫が終わって、走る場所が狭くなっていくと霊力が弱まっていく。最後は、残った作物の1束に封印されてしまうそうだ。

【麦山羊】
ヨーロッパの麦畑に出る。刈り取りを行っている人間を、後ろからついて急がせ疲れさせる。姿は見えないが、角でつついているらしい。

【カリアッハ】
スコットランドを旅している老婆。農家の婦人のかっこうをしていて、農作業をする男性と刈り取りの速さを競いたがる。

UMA－宇宙人か妖怪か

　正体のわからない未確認生物のことを「UMA」と呼ぶ。「Unidentified Mysterious Animal」の頭文字をとったものだ。

　妖怪かもしれず、宇宙人かもしれず……正体は謎だが、妖怪のような生物が目撃されたり撮影されたりすることが現代でもあるのだ。

　UMAの中でも特に妖怪的なものに「モスマン」がある。1966年から67年にかけて目撃された、体長2メートルほどの生き物だ。

　「モスマン」とは「蛾男」という意味。蛾のような羽が背中から生え、羽を伸ばすと3メートルにもおよぶ大きさ。全身に毛が生えていて、頭部はなく、胴体部分に赤く光る大きな目がある。声は大きく、ネズミのようにキーキーと鳴くという。

　深夜に車で走行していると出会うことがある。時速160キロメートルで走っていた車に追いついたという話もある。翼を広げて飛ぶのだが、羽ばたかず動かさず、広げるだけで飛ぶそうだ。人を追うことはあるものの、襲うことはないという。

　モスマンが出ると不吉なことが起きるといわれていて、出没情報の後には大きな殺人事件が起きたり、巨大な橋が崩壊したりといったことがあったとか。

　モスマンは宇宙人のペットだという説もある。いつか正体が暴かれる日が来るのだろうか。

日本の昔話そっくりな妖精の話

　日本の昔話のお決まりのパターンとして、次のような流れがある。
① 正直者のじいさんが動物を助ける。
② 動物が恩返しとして、小判などのありがたい品をくれる。
③ うそつきじいさんが真似をして、無理やり動物を助ける。
④ うそつきじいさんがもらったものは、汚物など。
このような展開が、外国の妖怪（妖精）の話にもあるのだ。
　二人の娘が母親と暮らしていた。妹は母親に嫌われていて、姉ばかりかわいがられている。あるとき、泉に水をくみに行った妹が、老婆（妖精）と出会う。老婆は喉がかわいたと言うので、妹は水をくんで飲ませてやった。老婆はお礼に、しゃべるたびにダイヤモンドが口からこぼれるように魔法をかけた。
　これを知った母親は、姉も泉に行かせた。やはり老婆が出てきて水を飲みたがったが、姉は無視。怒った老婆は、姉がしゃべるたびに、カエルと蛇が飛び出すようにしてしまったという。
　考えてみれば、日本の昔話に見られる恩返しや呪いというのも、妖怪的だ。恩返しをする動物たちは、ひょっとしたら妖怪や精霊なのかもしれない。

世界の妖怪　索引

あ行

アスタロト………172
アスモデウス………171
アヌビス………116
アモン………141
アラクネー………66
アルゴス………68
アル・ミラージュ………67
アントゥ・パラ………175
アンフィスバエナ……70
イエティ………34
一目五先生………74
ヴァルキリー………205
ヴァンパイア………12
ヴィシュヌ………126
ウィル・オ・ウィスプ……154
ウーストレル………176
ウェンディゴ………192
ヴォジャノーイ………212
海僧正………209
狼男………20

か行

ガーゴイル………19
カーバンクル………89
カーリー………105
影なしドッグ………180
ガネーシャ………114
カルマ………177
ギガース………78
キメラ………11
キューピッド………110
牛魔王………61
僵尸………136
麒麟………100

金角大王・銀角大王……56
靴を食う妖怪………166
クラーケン………31
グリフォン………39
グレムリン………204
グレンデル………90
刑天………144
ケルベロス………46
ケンタウロス………23
ゴーレム………157
ゴブリン………201
コボルト………210
ゴモラー………60
ゴルゴーン………50

さ行

サイクロプス………48
サタン………152
サラマンダー………198
サンダーバード………96

シヴァ………106
四聖獣………128
死の乙女………181
ジャック・オ・ランタン…182
ジャバウォック………62
食屍鬼………150
ジン………202
スクォンク………85
砂男………218
スフィンクス………32
セイレーン………58
セルキー………91
セントエルモの火……227
孫悟空………80
ゾンビ………138

た行

太歳………73
チョンチョン………184
デュラハン………142

とがったナイフの精……164
ドクシー………217
どくろのトミー………178
トッケビ………82
ドラゴン………8
トロール………196
ドワーフ………220

な行

脳みそ取り………189
ノーム………211

は行

バーバ・ヤーガ……214
歯痛殿下………221
獏………121
白澤………112
バジリスク………54
パッドフット………222
バハムート………53

ハルピュイア………43
パン………118
バンシー………173
飛頭蛮………86
百頭………76
ヒュドラ………24
ファザーフロスト……223
ファハン………224
プーカ………208
フェニックス………94
ブギーマン………148
ブラウニー………206
ブラフマー………125
フランケンシュタイン…16
不可殺………92
ペガサス………99
ペナンガラン………146
ベヒーモス………15
ベルゼブブ………190
ヘルハウンド………63

ベルフェゴール………191
鳳凰（ほうおう）………130
ボガート………207
ポセイドン………102
骨食い（ほねくい）………168
ホムンクルス………170
ポルターガイスト……174

ま行

マーメイド………40
魔女（まじょ）………36
マミー………28
マンドラゴラ………186
マンモン………193
緑の男（みどりのおとこ）………225
ミノタウロス………44

や行

夜叉（やしゃ）………122
幽霊船（ゆうれいせん）………158
ユニコーン………26

ら行

羅刹（らせつ）………109
リャナンシー………226
龍（りゅう）………132
ルシフェル………162
レヴィアタン………194
レッドキャップ………161
レプラコーン………228
ローレライ………64
ロック鳥（ちょう）………65

■参考文献■
『ギリシア・ローマ神話辞典』高津春繁 岩波書店 『アポロドーロス ギリシア神話』高津春繁 岩波文庫 『ギリシア・ローマ神話』トマス・ブルフィンチ 角川文庫 『地獄の辞典』C・ド＝プランシー 講談社＋α文庫 『妖怪バイブル』ブレンダ・ローゼン ガイアブックス 『妖精バイブル』テレサ・ムーリー ガイアブックス 『ドラコニア綺譚集』澁澤龍彦 青土社 『水木しげるの中国妖怪事典』東京堂出版 『水木しげるの世界妖怪事典』東京堂出版 『水木しげるの続・世界妖怪事典』東京堂出版 『世界妖怪大全 世界はゲゲゲ』水木しげる 集英社 『図解 ギリシア神話』西東社 『面白いほどよくわかる 世界の神々』吉田敦彦監修 日本文芸社 『神の文化史事典』松村一男他 白水社 『世界の神々の事典』松村一男監修 学研 『幻獣事典』望獲つきよ 新星出版社 『世界の妖怪大百科』山口敏太郎 西東社 『日本妖怪大事典』村上健司 角川書店 『よくわかる 世界の幻獣・ドラゴン大事典』廣済堂ペーパーバックス 『よくわかる 世界の妖怪事典』廣済堂文庫 『よくわかる 魔界・地獄の住人事典』廣済堂文庫 『世界の神獣・モンスターがよくわかる本』東ゆみこ監修 PHP文庫 『堕天使がわかる』森瀬繚他 ソフトバンク文庫 『最強のUMA図鑑』並木伸一郎 学研 『モンスター図鑑 オオカミ男』椎野淳訳 ほるぷ出版 『モンスター図鑑 フランケンシュタイン』樋口真理訳 ほるぷ出版 『モンスター図鑑 ドラキュラ』椎野淳訳 ほるぷ出版 『西遊記』斉藤洋 理論社 『鏡の国のアリス』岡田忠軒訳 角川文庫

■監修・執筆／ながた みかこ

　三重県生まれ、東京都在住。妖怪・怪談好きの作家、児童文学者。故郷の森林公園で河童のようなものを見てから妖怪のとりことなる。2000年に福島正実記念SF童話大賞を『宇宙ダコミシェール』(岩崎書店)で受賞。著書に『日本の妖怪＆都市伝説事典』『世界のモンスター＆怪人怪事件事典』(ともに大泉書店)、監修および著書に『図解大事典 日本の妖怪』(新星出版社)『フシギで楽しい！妖怪・モンスター図鑑』(池田書店)などがある。

■イラスト／佐渡島まどか　七海ルシア　ナカイケイラ　嵩瀬ひろし
■カバーデザイン／久野 繁
■本文デザイン／スタジオQ's
■編集／ビーアンドエス

　本書の内容に関するお問い合わせは、書名、発行年月日、該当ページを明記の上、書面、FAX、お問い合わせフォームにて、当社編集部宛にお送りください。電話によるお問い合わせはお受けしておりません。また、本書の範囲を超えるご質問等にもお答えできませんので、あらかじめご了承ください。
　FAX：03-3831-0902
　お問い合わせフォーム：http://www.shin-sei.co.jp/np/contact-form3.html

　落丁・乱丁のあった場合は、送料当社負担でお取替えいたします。当社営業部宛にお送りください。
　本書の複写、複製を希望される場合は、そのつど事前に、出版者著作権管理機構(電話：03-5244-5088、FAX：03-5244-5089、e-mail：info@jcopy.or.jp)の許諾を得てください。
JCOPY ＜出版者著作権管理機構　委託出版物＞

図解大事典　世界の妖怪

2017年7月25日　初版発行
2019年9月5日　第3刷発行

監修者　ながたみかこ
発行者　富永靖弘
印刷所　株式会社高山

発行所　東京都台東区台東2丁目24　株式会社 新星出版社
〒110-0016　☎03(3831)0743

©SHINSEI Publishing Co., Ltd.　　Printed in Japan

ISBN978-4-405-07254-1